销售的
语言

董会民　傅　鸿　张中华　编著

中国纺织出版社有限公司

内 容 提 要

销售过程中不可避免地需要说服客户,优秀的销售员必定也是顶尖的说服高手,他一定拥有绝妙的销售语言。沟通的目的有时是交流感情,但在销售过程中,更多的却是推销自己的观点,是获得认同,是得到接纳,最终使交易达成,销售的过程即说服的过程。

本书从销售沟通的角度出发,运用大量生动真实的销售案例,解释了销售员如何使用语言打动客户、化解客户的敌对情绪,在三言两语中,把客户的拒绝转变为顺利成交。本书为每一位销售员提供了有效的、可借鉴的沟通秘诀。

图书在版编目(CIP)数据

销售的语言 / 董会民,傅鸿,张中华编著. -- 北京:中国纺织出版社有限公司, 2025.3. -- ISBN 978-7-5229-1878-5

I. F713.3

中国国家版本馆CIP数据核字第2024YK0121号

责任编辑:李 杨　　责任校对:高 涵　　责任印制:储志伟

中国纺织出版社有限公司出版发行
地址:北京市朝阳区百子湾东里A407号楼　邮政编码:100124
销售电话:010—67004422　传真:010—87155801
http://www.c-textilep.com
中国纺织出版社天猫旗舰店
官方微博 http://weibo.com/2119887771
天津千鹤文化传播有限公司印刷　各地新华书店经销
2025年3月第1版第1次印刷
开本:880×1230　1/32　印张:7
字数:140千字　定价:49.80元

凡购本书,如有缺页、倒页、脱页,由本社图书营销中心调换

前言

销售语言在商业领域中是一个十分重要的概念。在现代的商业领域中,交易的成功不仅取决于产品和服务的质量和价格,还与销售员和客户之间的沟通息息相关。巧妙的销售语言、有效的销售沟通是与客户建立信任并成功推销的关键之一。

销售语言对于销售员相当重要,沟通的过程既是了解客户需求的过程,也是激发客户兴趣的过程。一名优秀的销售员,他的口才也一定很出色,沟通过程中既会让客户感觉舒服,又能刺激客户的购买欲望。沟通是一门语言艺术,通过沟通获取想要的信息,对销售策略的制订非常有帮助。

有效的销售语言,可以让销售员在客户面前展示自己的专业性,让客户更信任销售员,满意其所提供的产品或服务。如果销售员需要根据客户的需求制订推销策略,可以通过与客户建立良好的关系并开展深入的沟通来实现。假如接触销售员的客户产生了消极的沟通体验或销售员没有进行充分的沟通,会导致销售员和他们所推销的产品给客户留下不好的印象。有效的销售语言不但可以避免疑虑和误解,还可以帮助客户对产品或服务有正确的了解,从而做出正确的消费决策。良好的销售语言不仅能帮助销售员与客户建立信任并成功完成推销,还可以通过另一种方式增加销售额。假如销售员可以与客户建立良好的关系,充分了解客户需求,他们就能够提供符合客户需求的特定产品和服务,从而增加销售额。

那么,什么样的语言才是有效的销售语言呢?许多销售员为了在客户面前彰显自己的专业性,和客户沟通时会讲一些专业术语,但其实不同的客户对专业语言的接受度不同,理解也有差异。相比过多的专业术语,客户更容易接受通俗易懂的语言,所以销售员要多讲客户听得懂的话。在与客户沟通的过程中运用小故事,往往可以收获很不错的效果,这不仅可以加深客户的印象,还能够让自己的语言充满趣味性。此外,销售员不要总是拘泥于销售话术,可以创造轻松幽默的沟通氛围,快速感染和吸引客户,让客户打消疑虑,对你产生好感的同时也更愿意敞开心扉与你沟通。

总之,对销售员而言,销售语言非常重要。良好的沟通关系建立在专业和信任之上,好的销售语言有利于销售策略的制定和客户需求的满足,有助于提高成交率,增加销售额。

编著者
2024 年 10 月

目录

第01章 初次见面,快速拉近与客户的距离 … 001

第一次见面不谈销售谈感情 … 003
真诚地赞美客户 … 005
沸腾定律,将客户99度的购买热情加1度 … 009
了解客户的需求,才能解决客户的问题 … 012
想留住客户,先成为他的朋友 … 015

第02章 巧妙寒暄,让客户只喜欢与你交谈 … 019

投石问路,打开客户的话匣子 … 021
适当寒暄,表达你的亲切和友善 … 024
鼓励客户向你倾诉,做客户的知己 … 026
态度亲和,快速拉近与客户的距离 … 029
说点自己的经历,赢得客户的心 … 033
与客户建立亲近关系的实战技巧 … 036

第03章　抛砖引玉，先谈客户的兴趣再推销产品 … 041

介绍产品优势，让客户听了不反感 … 043
先谈客户的兴趣，再推销产品 … 046
如何让客户觉得你很专业 … 049
制造紧迫感，让客户更快做决定 … 052

第04章　化解异议，巧用话术打消客户心中的顾虑 … 057

讲讲真实案例，打消客户的疑虑 … 059
优秀的销售员会让数据说话 … 062
轻松化解客户对产品效果的担心 … 065
如何消除客户害怕被骗的心理 … 068
不妨主动告诉客户产品的优缺点 … 071

第05章　善于引导，让客户不知不觉认可你 … 075

主导谈话方向，不要被对方带偏题 … 077
利益引导法，满足客户爱占便宜的心理 … 080
暗示性语言，让客户按照你的思路走 … 083
放大客户的痛苦，增强客户的购买欲 … 086

第06章　表达真诚，用诚意获得客户的信任 … 091

做产品介绍时提升话语的可信度 … 093
与客户说话，语气真诚平和最重要 … 096
用耐心和真诚服务每一位客户 … 100
真诚关心每位客户，赢得客户信任 … 103
如何给客户推荐合适的商品 … 106

第07章　报价策略，在讨价还价中占据销售主导权 … 111

万能的报价话术，让客户不嫌贵 … 113
掌握报价技巧，助你轻松成单无压力 … 115
有效报价，试探客户的底线 … 118
掌握还价策略，教你轻松守住价格 … 121
了解客户心理，报价助你一臂之力 … 123
以退为进，争取更大的利益空间 … 126

第08章　销售话术，掌握客户心理快速成交 … 131

让客户"怦然心动"的锦囊妙计 … 133
欲擒故纵，让客户追着你下单 … 135
适当发力，快速促成犹豫的客户成交 … 139
口碑营销，赢得消费者的口口相传 … 141

第09章 刺激心理,让客户快速产生购买欲望 … 145

制造"稀缺现象",刺激客户的购买欲 … 147

对症下药,不同类型客户巧应对 … 149

请善待提反对意见的客户 … 153

第10章 能说会道,一开口就牢牢吸引住客户 … 157

让声音更具感染力,瞬间吸引客户 … 159

说得多不如说得切合时机 … 161

好口才离不开修辞技巧 … 165

说话声情并茂,让客户更加信赖 … 168

在销售中学会沉默,以静制动 … 172

第11章 化解拒绝,引导客户顺利成交 … 177

巧妙更正客户"便宜没好货"的误解 … 179

客户要去别家看看,如何留住客户 … 181

客户只认牌子不认货怎么办 … 184

当客户说要跟家人商量,用话术搞定他 … 187

第12章 攻克壁垒，成交必须突破重重阻碍 … 191

读懂客户心理，成交更容易 … 193

看懂成交信号，找准时机迅速出击 … 196

打动客户最好的方式是诚意和态度 … 200

在客户面前，巧妙呈现实力 … 203

如何化解客户成交的障碍 … 205

强势一点，搞定犹豫不决的客户 … 208

参考文献 … 213

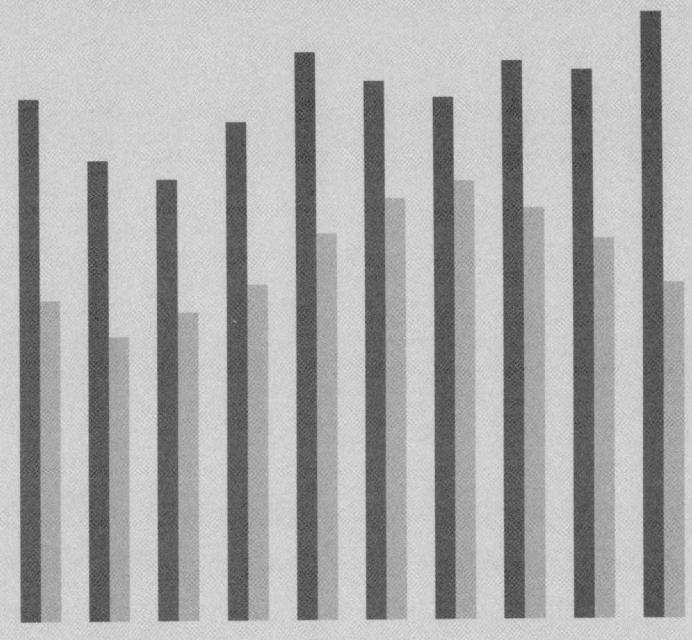

第 01 章

初次见面,快速拉近与客户的距离

第一次见面不谈销售谈感情

当我们走在大街上，迎面碰到推销产品或者发传单的人时，我们第一反应往往是绕道而行。既然客户有排斥心理，那么我们在第一次见面时就不要一上来就推销自己的产品，而要先争取客户的好感与信任，给对方一个好印象，那么再谈产品就容易得多了。

王刚是一位很出色的保险销售员。他推销保险的第一原则就是：初次和客户见面，绝不谈及保险销售问题。

一次，王刚打算约见一个姓杨的客户。这个客户是某公司的老板，工作非常忙，而且经常出差，所以要约见他很困难。于是，王刚提前给他打了个预约电话。

"杨老板，我是王刚，是一名保险顾问，以前曾经约过您，但您没有时间，您还记得吗？"

"好像是。"

"杨老板，我知道您很忙，但您是否能在这周的星期三抽出 10 分钟，咱们面谈一下吗？10 分钟就够了。"王刚特意强调了一下"10 分钟"。

"小王啊，你是想推销保险吗？已经有很多保险公司找我谈过了，我没什么兴趣。"

"杨老板，您放心，我不是要向您推销什么。明天上午 10 点，您能抽出 10 分钟时间给我吗？"

"那好吧。你明天上午过来吧，最好准时来。"

"太好了,杨老板,谢谢您!我一定准时到。"

经过王刚的竭力争取,杨老板终于同意和他见面了。第二天上午10点,王刚准时到了杨老板的办公室。

"我知道杨老板您的时间非常宝贵,我会严格遵守10分钟的约定。"王刚很有礼貌地说。

于是,王刚开始了简短的提问。10分钟很快就到了,王刚主动说:"杨老板,10分钟到了,我不耽误您了,再见。"

但是,谈话并没有这样结束,杨老板又留王刚坐了半小时,并且告诉了他很多他想知道的东西。

实际上,在王刚约见的众多客户中,有很多人在10分钟之后又和他说了很长时间,而且他们都是自愿的。

王刚的成功在于他懂得销售的技巧,初次见面最重要的是把客户稳住,而不是直接进入销售环节,导致对方的反感。如今太多的销售员急功近利,恨不得立刻让那些陌生客户购买产品,不懂得循序渐进、水到渠成的道理,上来就拿出产品,狂轰滥炸,这怎么会成功呢?

那么,在初次拜访客户的时候,我们应该注意哪些问题呢?

1. 讲信用,不食言

如果你在预约客户的过程中已经表明了你不会谈销售,那你就一定不要食言,否则对方就会质疑你的诚信,就很难继续听你说话、跟你合作了。与人沟通一定要把诚信放在首位,这样才能赢得对方的好感。

2. 尊重客户的时间

初次谈话,最好不要占用客户太长时间,要长话短说,不要喋喋不休,否则下次你再想约见客户恐怕就很难了。当然，如果客户主动要求延长交谈的时间，你就不要"惺惺作态"了，应该顺从客户的意思，和对方多聊一会儿，否则客户会认为你不近人情或很虚伪。

3. 注意语速

语速太快不利于对方倾听和理解，会给对方一种压迫感，似乎在强迫对方听我们讲话；语速太慢，则容易给对方带来枯燥乏味的感觉，同时也不利于谈话的进行。所以，在和客户交谈的过程中，语速一定要掌握好。很多销售员为了快速把信息传达给客户，说话的时候就容易出现语速过快的现象，其实这样的效果并不好，会让人产生疲惫的感觉，最后客户也没听进去几句话。

4. 心态要好

不要因为机会难得而过于紧张，要学会适当地放松自己，把自己最好的一面展现给客户，这样更能够促成沟通的成功。我们在沟通时要面带微笑，不要给自己和客户压力，这样我们在客户面前才会显得更有亲和力，让客户觉得和我们交谈是一件非常愉快的事情。

一个优秀的销售员需要考虑的不是如何卖力地向客户介绍产品、推销产品，而是如何与客户拉近关系、建立感情，循序渐进地与客户达成交易。朋友们，不要太过心急，心急吃不了热豆腐，先把客户稳住，你的目标才能一步步达成。

真诚地赞美客户

好听的话能让人感到舒服和开心，而我们自己也不会损失什么，说些好听的话赞美别人能让沟通更为顺畅。适当赞美客户就是对客户的能力和品格进行美化，这是销售成功必备的细节。想想看，谁不愿意听到赞美自己的语言呢？谁又不认同赞美自己的人呢？找到客户身上的闪光点，将它在合理的范围内适当放大，相信你会受欢迎的。

亚娟是一家电器商城的销售员，主要负责笔记本电脑的销售。一天，一位50多岁的阿姨来到笔记本电脑销售区，亚娟有些诧异，平时基本上是年轻人来买笔记本电脑，很少有50多岁的人来买笔记本电脑，但这个念头只是一闪而过。亚娟还是很快迎了上去。

"姑娘，我想买一台笔记本电脑，不过我对这个了解很少，你能不能帮我推荐一下？"这位阿姨很直接，也很爽快，还没等亚娟开口就将自己的需求说了出来。

"阿姨，没问题。阿姨啊，您是留作家用，还是当礼物送人呢？"见这位阿姨对笔记本电脑不熟悉，亚娟并没有立刻展开滔滔不绝的演讲式的介绍，而是对阿姨的需求进行了询问。

"哦，再过几天是我闺女的生日，我和她爸商量着买台新的笔记本电脑送给她，就算是生日礼物吧。"这位阿姨很配合地说。

"哦，是这样啊。阿姨，你们可真是细心的父母。能简单介绍一下您闺女的情况吗？"亚娟进一步问道。

"我闺女过几天就要出国留学了。我们看着她用的笔记本电脑有些过时，也不太好用了，正好借着这个生日给她买个好点的、轻便一点的笔记本电脑让她带着用，也算是我和她爸的一份心意。"

"哦，原来您闺女就要出国读书了，那她一定非常优秀。"

"是啊，她从小就是一个听话的好孩子，这不马上就要离开我们去国外了嘛，我们就想给她买个稍好点的笔记本电脑，她出去用着也方便。"

"阿姨，您可真有福气，有这么一个有出息，让您骄傲、自豪的闺女，我想这都要归功于你们教育有方啊！"

这位阿姨一听满意地笑了。

此时亚娟言归正传，说："既然您闺女是学生，您想买个好点的、轻便一点的，那么这一款就比较合适了。您看看这款，高档、时尚，很适合您年轻的闺女使用。这款电脑不仅外形美观、轻便、大方，而且配置非常好，您闺女用上这台电脑一定能体会到你们对她深深的爱。"

"好的，姑娘，就听你的，就买这款吧。"

"好的，阿姨，如果您有什么不懂的可以随时找我，这是我的名片。"

最后，这位阿姨带着笔记本电脑非常开心地回家了。

不管从事什么职业的人，不管性情暴躁还是性情温顺，都有自身的优点。销售员如果真想赞美对方，就应该积极地去发现对方的长处，因为只有这样，才能使赞美显得更真诚。

赞美客户是一门艺术，恰到好处的赞美能得到客户的欢心，如果赞美得不合适，则会让沟通受到影响。如何赞美客户，你知道吗？

1. 善于发现别人的长处

销售员要学会发现连客户自己都没有发现的优点和特点，然后予以赞美。这样能激起客户的惊喜之情、感激之意，从而对你推销的产品产生好感。

2. 要有重点

赞美词不要只是"很好""不错""很漂亮",如此感情不够强烈,应直接说出重点,那才表示出你是真正用心"感觉"到他的努力、辛苦!赞美务必点出重点,一定要牢记!

3. 头脑要灵活

很多时候,面对一些非常理性的客户,你当面的赞美往往起不到理想的效果。这时销售员可以选择在背后赞美客户,这样更能让客户感到真实,若是传话人能够将你的话再夸张一些传到客户的耳朵里,更可以引起客户的兴趣,引发其喜悦的情绪。

4. 具体中看出你的真诚

在赞美客户时,要有意识地谈论一些具体而明确的事情,而不是空洞地、泛泛地赞美。具体的赞美让人感觉到真诚、可信。所以,我们要学会仔细观察客户,注意他的一些细节,就细节而赞美比空发议论更能打动客户的心。

5. 客观分析客户的情况

销售员在与人交往时,既要明显看到对方的优点和长处,又要找出对方的弱点和不足,要讲究辩证法。在赞美客户时能够指出对方的缺点和不足,并提出一定的建设性意见,不仅不会削弱赞美的力度,反而能使销售员的赞美显得非常真诚、实在,从而取得客户的信任。

真诚地赞美客户,可以使客户感到开心和快乐,这对销售员来说没有半点损失,反而受益无穷,何乐而不为呢?赞美客户可以减少销售过程中的麻烦,还可以为自己带来大量的生意,让你的事业突飞猛进。因此,在与客户交流时,千万不要吝啬你的赞美之词。

沸腾定律,将客户99度的购买热情加1度

什么是"沸腾效应"?成功心理学是这样解释的:"人们把关键因素所引起的本质变化现象,称为沸腾效应。这犹如水烧到99摄氏度时,还不能算开水,其价值有限;若再添一把火,在99摄氏度的水温基础上再烧,使其再升高1摄氏度,水就会沸腾,并产生可用来开动机器的大量蒸汽,从而获得巨大的经济效益。"

对销售员来说,"沸腾效应"非常重要。我们通过"沸腾效应"了解到,获得最终成果关键在于用持续努力去完成关键步骤。在销售工作中,对重点客户实行重点管理,在成交后持续追踪,都是获得更好、更大销售成果的关键因素。所以,当你几次三番拜访客户,向客户做产品介绍、做产品展示等准备工作之后,一定要再"加一把火",让客户"沸腾"起来,从而成功销售产品或服务。

小澜是某品牌化妆品的销售员。一天,客户陈女士找到她,说想要找一款适合自己的具有美白功效的化妆品。小澜立刻向陈女士推荐了一款自己使用效果很好的美白产品。在听完小澜的介绍后,对方表现得十分谨慎,甚至详细询问了产品的含铅情况、美白原理等。不过,在小澜费了一大番口舌之后,她并没有决定购买那款产品,而是说要考虑考虑,随后便离开了。

第二天，陈女士又来了。这次她向小澜索要了一些资料，但还是没买什么产品。小澜并不厌烦，依然微笑着为她服务。又过了一天，陈女士又来索要试用品，由于小澜手里的试用装已经没有了，所以决定帮她从别的专柜找一找。后来，小澜终于帮陈女士找到了试用装，而对方却说，如果用着觉得好就来购买。虽然此后陈女士还是经常到店里来，但没有购买任何产品。她不是来向小澜索要试用品，就是来了解一些护肤方面的知识，而小澜总是热情周到地为她服务。

终于，两个星期后，陈女士从小澜手里购买了化妆品。她不只买了一套，而是定了二十套。陈女士说打算在马上到来的"三八"妇女节那天送给她手下的女员工。前些日子一直没买主要是想先试一下，看看效果怎么样，如果好的话就直接订购这一套。没想到小澜一点儿都没有心烦，每次都热情招待她。而且，陈女士似乎已经成了小澜的忠实客户。后来，只要是小澜推荐的产品，她几乎都会爽快地购买。

试想，如果不是小澜之前持久、热情、周到的服务，让客户在相处的过程中逐渐积累了信任感，小澜又怎么能够成功地卖出产品，并让对方成为其忠实客户呢？从案例中我们不难发现，没有长久坚持的量变积累过程，就不可能有良好的销售业绩。是小澜那份对工作的热心和坚持点燃了陈女士购买的欲望。

在销售的过程中，如何巧妙地运用"沸腾效应"抓住客户的购买兴趣呢？

1. 趁热打铁，及时"加把火"

当销售员和客户之间的谈话接近尾声的时候，也许你还觉得欠缺点火候。这时候，不妨趁热打铁，"加把火"，让客户下定决心来购买你的产品，或者是把口头间的协议尽快以合同的形式确定下来等。

2. 从客户角度考虑

站在客户的角度，你才可能准确地掌握客户的心理，找对他的购买兴趣点。你要能够在与其交流的过程中，通过对方的衣着、谈吐来判断对方的身份，综合客户所提供给你的各方面的信息来判断其真正的内心需求，也就是购买兴趣点。

3. 不断强调客户利益

关键时刻，我们一定要把客户最关心的问题点出来，多说几遍也无妨，这样可以加深客户的印象，能够促使他快速作出决定。

4. 及时处理客户的不同心声

最后时刻，不要觉得一切已经万事大吉，就对客户的异议不理不睬。如果这样，你谈成的单子就极易告吹，可以说之前的努力都会白费。要知道，巧妙地化解和客户之间的异议，可以为以后的合作省去很多麻烦。这个时候我们一定要耐心解答，确保万无一失。

5. 把关键因素及时说到位

有时候我们的销售已经出现了一定的成果，我们已经说服对方并让对方产生了兴趣，但是对方此时还在纠结，这时候就要看我们进一步的出击了。不妨这样说："这批货是试销，所以价格比较低，下批货厂家可能就会提价了。"

好的企业为什么能够受到大众的喜欢与追捧，很多时候不仅是靠商品的质量，还有最后"1度"的超越。对很多企业来讲，这1度的上升，说难不难，说简单也不简单，就在于对自身内在准则的恒定把握，在于一份坚持。

了解客户的需求，才能解决客户的问题

美国人寿保险创始人弗兰克·贝特格曾经说过："有些销售员之所以失败，是因为他们根本不知道什么是销售的关键点。其实关键点很简单，就是客户最基本的需求或最感兴趣的细节。"如果你在沟通的过程中无法把话说到点上，不能有针对性地满足客户的真正需求，那么你的沟通就无法进行下去，你的销售目的也无法达到。记住，客户总是会想办法摆脱那些态度消极的销售员，而走到能满足自身需求的销售员那里。

李艳夫妇打算给孩子买一套趣味知识系列的书籍，负责与他们沟通的是销售员静静。我们可以通过下文的谈话内容感悟一下在销售过程中了解客户需求是多么重要的一件事。

李艳："这套书有哪些特点？"

静静："你看，这套书的装帧是一流的，这种真皮套封烫金字的装帧，摆在您的书架上非常好看。"

李艳："里面有哪些内容？"

静静："本书内容按字母顺序编排，这样便于查找资料。每幅图片都很漂亮逼真。"

李艳："我看得出来，不过我想知道的是……"

静静："我知道您想说什么！本书内容包罗万象，有了这套书您就如同有了一套百科全书，书中附有详尽的图集。这对你们一定大有用处。"

李艳:"我是为孩子买的,想让他从现在开始学习一些东西。"

静静:"哦,原来是这样。这套书很适合小孩子的。它有带锁的玻璃门书箱,这样您的孩子就不会将它弄脏,小书箱是随书附送的。我可以给您开单了吗?"(静静作势要将书打包,给李艳开单出货)

李艳:"哦,我考虑考虑。你能不能找出其中的某一部分,如比较有趣味性的部分,让我们了解一下其中的内容?"

静静:"本周内有一次特别优惠抽奖活动,现在买说不定能中奖。"

李艳:"我恐怕不需要了。"

没有需求,就没有购买行为。不管你的商品说明技巧有多好,如果你无法把握住客户的需求,你就无法获得订单。因此,有效销售的前提条件是我们必须发掘客户需求,对客户多加了解,这样你才能有目的、有计划地进行沟通。

1. 善于提问,多加了解

如果你不主动去询问,那么你的销售就显得太盲目,因为你压根不知道客户真正的需求是什么。我们可以这样提问:

"请您具体描述一下您的想法,好吗?"

"您有什么要求,能说一下吗?"

"解决什么问题,可以从根本上帮助您?"

"您需要我为您解决什么问题呢?"

注意,在提问的过程中态度一定要和善,要热情主动,千万不要不耐烦。

2. 学会聆听

聆听是了解客户需求非常重要的一个方法，在聆听中要注意以下几点：第一，对客户的谈话一定要表现出浓厚的兴趣，要专心听；第二，在适当时候要对客户的陈述进行复述和确认，以准确把握客户的需求；第三，边听边试着引导客户的思维向你要销售的产品方向靠近；第四，注意听的时候避免一些恶习，如抖腿、东张西望等。

3. 间接了解

间接了解是指电话销售员通过第三渠道，如询问他人、市场调查、客户数据库分析等，找到目标客户需求的方法。有相当一部分客户，并不会首先将自己最关心的问题明确、真实地向销售员进行说明，这就会增加你了解客户的难度。这时，你需要从其他途径着手行动，以拓宽了解客户信息的渠道。

4. 需求的先后顺序不可忽视

如果客户在多个方面都有要求的话，你该怎么办呢？这时候我们要做的就是了解客户需求的主次方面，对这几个方面进行排序。你设定的客户需求优先次序会影响到以后在产品、过程、人员和价格方面的决定。请不要在客户认为不甚重要的问题上下功夫，即使那看上去很容易完成，也可以先放一放；在客户认为至关重要的问题上，要舍得下功夫。当你的初步打算规划好之后，记得跟客户商量一下意见。

客户的购买需求是多种多样的，在销售员的销售过程中总会间接或是直接地表露出来，销售需要引导购买行为，销售员在推荐产品的时候，一定要尽量满足客户的购买需要，这样才可使交易成功。

想留住客户，先成为他的朋友

如果你不信任一个人，那么你还会跟他做生意吗？恐怕很少有人愿意。你的客户也是如此，建立良好的信誉十分重要。如果你可靠、诚实、真挚，那么你就很容易建立起良好的信誉。这种信誉是通过坦诚地工作、谨慎地履行职责和承诺，以及提供更为优质的服务等方面树立的。想要留住客户，想要你的销售业绩逐日上升，请先学会做一个值得客户信赖的朋友吧！

阿辉先生认识一位名叫王宁的女士，她对所有陌生人都有戒心，阿辉先生可以与她见面，还是通过律师的引荐。

王宁一直是一个人住，她对任何一个她不认识的人都不放心。阿辉先生第一次拜访她，情形就很尴尬。阿辉在出发前就给王宁打过电话，快到时也打过一个，可是王宁总是在强调律师没有到这件事。阿辉到她家以后，他们的谈话也很小心。等到律师来了之后，阿辉的在场就变得无关紧要了。

阿辉第二次来到王宁家的时候，发现王宁不知因为什么事而变得心神不宁。原来，她申请了一部急救电话，但已经很长时间了都没有给她安装。阿辉便立即打电话给相关部门，当天下午，就有人来安装了这部电话，阿辉一直在她家里，直到电话安装结束。而从此以后，阿辉得到了王宁的信任。不久，王宁便成为阿辉的客户之一。

阿辉说，信任有很多源头，有时，它与商业没有任何关系，只是一些额外的小事，就能带来意想不到的收获。

在这个竞争如此激烈的社会，销售员应意识到竞争核心正聚焦于自身，懂得"推销产品，首先要推销自我"的道理。要"推销自我"，首先必须赢得客户的信任，没有客户的信任，就没有展示自身才华的机会，销售成功的结果更无从谈起。

商谈中快速取得客户的信任至关重要。如果你能在商谈中善于运用适当的说服技巧，效果将十分明显。以下几点大家可以参考。

1. 要体现出你较高的专业水准

当你和客户交往时，你对交流内容的理解应该力求有"专家"的认识深度，这样能让客户在和你沟通中每次都有所收获，进而拉近距离，提升信任度。另外，自身专业素养的不断提高，也将有助于信心的进一步强化，形成良性循环。

2. 用自信去感染对方

单凭流畅的讲话及丰富的知识，有时还是不能说服客户。客户的心中常会产生似信非信的想法。要消除客户的不安和疑问，最重要的是你要向客户展现出你对自己及产品的信心。因此，对于公司、产品，自己必须有自信地去讲。用自信的态度及语言表现出其内涵，自然也会感染对方。

3. 坦然面对缺点

产品的优缺点都必须用事实来说话，我们在借助事实的时候一定要把握一个度，不能把产品吹上天，也不能让客户感到厌烦，你可以根据产品的特点来总结产品的事实情况，在经过深思以后，客户一般都会选择这种有实际缺点但能够发挥实际作用的产品。

4. 优先考虑客户利益

我们在培养与客户的关系时,不要急于从中获得潜在回报,而是要优先考虑客户的利益,先给予帮助且不期待立即获得回馈。客户至上,这是获得信任最基本的东西。客户的利益就是企业的利益,他们受益了,企业必定会从中受益。

5. 塑造诚信品牌

如果你想把信誉当作谈判中的一个筹码,你可以抬出谈判双方都信得过的第三方,由其来担保你的人品和能力。倘若时机成熟,第三方还可以在谈判开始前与另一方进行沟通交流,或者干脆在谈判过程中充当中间人角色。你还可以拿出其他证明,使对方了解你过去的成就。

6. 不要做不现实的承诺

要赢得客户的信任,只能"以坦诚换坦诚",因此必须具备基本的职业道德素养。销售过程中,要清楚地说明产品的性能以及企业能做的事情,不要为了实现一次合作而做得过火,说得太多,许诺自己无法兑现的东西,从而失去一名永久的客户。

7. 散发你的独特魅力

与客户沟通的过程其实是一个展现你人格魅力的过程,如果你的魅力能够深深地吸引住客户,那么你的沟通将会更为愉快,你要谈的合作问题也将顺利完成。因此,在合作的过程中,我们一定要做到以情感人、以理服人,做到公平、公正,关键还要对对方以礼相待。有些漫长的谈判尽量要用人格力量去感化对方,只有这样,对方才有安全感,最后才会顺利成交。

销售的语言

　　沟通中要开诚布公地与客户交谈，不要让客户对你谈话的真实意图有所怀疑。同时，在展示成就的过程中要注意真实性，不能有半点儿虚假和欺骗。另外，我们决不能夸大其词，承诺一定要兑现。要记住，以真诚的态度对待客户，让客户感觉到你是一个诚实的人，这是取得客户信任的关键。

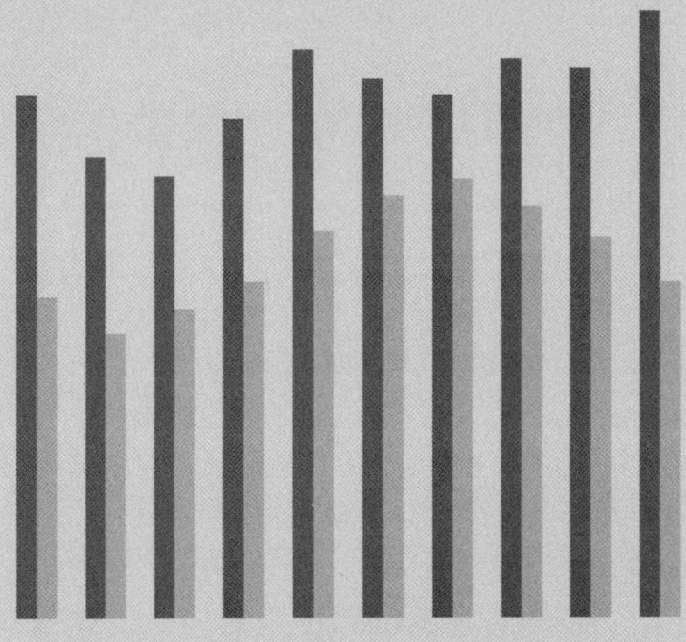

第 02 章

巧妙寒暄，让客户只喜欢与你交谈

投石问路，打开客户的话匣子

在销售过程中，我们发现，那些能成功推销的销售员，都有个共同的撒手锏，那就是他们善于沟通，懂得通过找到客户感兴趣的话题来破冰。任何一位销售员，都免不了要与客户沟通，只有先找到令客户感兴趣的话题，才能打消客户的戒心，然后慢慢地寻找购买点、切入主题，这是与客户交往的一个正常的流程。如果在与客户接触时，一言不发，或者直奔主题，则是极其无礼而冒失的。如果在拜访客户的过程中安排聊天的部分，可能会促使宾主两相欢，进而减少双方沟通的障碍。

小汪是某公司销售部门的主管，是个已经有十几年销售经验的销售精英，在整个部门的人看来，无论什么客户，只要是小汪出手，都能搞定，所以，很多销售新手们一旦遇到了什么难题，都来寻求主管的帮助。

一次，在新人培训的过程中，小汪亲自带着一位刚来的业务代表去拜访一家大公司的采购主任宋先生。

双方见面后，业务代表与采购主任宋先生似乎谈得并不顺利，沟通也不是很畅快。经验丰富的小汪看出"问题"出在了双方交谈缺少某些"润滑剂"。于是，他灵机一动，突然想起在来的路上，业务代表曾经对他说宋先生有一对双胞胎女儿，今年刚刚上小学，宋先生特别疼爱她们。于是，小汪就趁机与他聊起了女儿。

"听说宋先生有两个非常可爱的女儿,是吗?"

"是的。"宋先生脸上顿时露出一丝微笑。

"听说还是双胞胎?今年几岁了?"

"7岁了,这不已经上学了。我下班还要去接她们呢。"

"听说她们的舞蹈跳得特别棒。"

"是呀,前几天还代表学校参加全市的演出了呢。"

提起了女儿,宋先生的话就多了,聊了一会儿女儿,宋先生主动把话题引到了这次见面的业务上。

"其实,你们公司的产品……"

我们发现,案例中的销售主管小汪是个很善于与客户沟通的人。当他发现客户与业务代表之间的交谈不顺利时,他便立即找出了能引导客户多说话的话题——客户的双胞胎女儿,进而慢慢消除了客户的心理障碍。如果在开始业务代表与宋先生交谈不顺利的情况下,业务代表或者小汪依然坚持谈业务本身,那么,宋先生过不了几分钟肯定就会下"逐客令"的。但是,小汪抓住时机,巧妙地引入宋先生感兴趣的话题与其聊天,这样便很容易地打破了谈话的僵局。

那么,在现实生活中,哪些话题可能会让客户感兴趣呢?

1. 天气

天气是最好的聊天话题,中国人见面时也通常喜欢谈论天气。另外,以天气为话题与客户寒暄,因为不涉及利益关系,对方一般都愿意接茬。当然,除了把天气当话题外,还可以当作关心对方的题材。

但是，对于所在行业与天气有密切关系的客户，谈论天气时一定要有所注意。例如，如果你与一位雨衣或者雨伞销售商寒暄时这样说："最近一点儿雨都没下，秋高气爽，天气简直太好了。"对方一定不会给你好脸色看。

2. 新闻

最近的新闻也是你与客户聊天的好话题。新闻可以引起客户的好奇或共鸣，作为一名销售员，一定要多看报纸，因为报纸上有许多丰富的话题。

销售员是和人打交道的，聪明的销售员会审时度势，从对方意想不到的角度谈话，从而引起客户对产品的兴趣。

3. 兴趣

人们通常都愿意聊及自己的兴趣，因此，兴趣也是你与客户聊天的一个好话题。与客户聊起兴趣时，我们必须与客户统一步调，也就是说，不要批评客户的嗜好。例如，当客户说起对钓鱼感兴趣时，不能说："哎呀，我觉得钓鱼不好，只有那些糟老头子才喜欢钓鱼。"而应该说："钓鱼不错，可以修身养性、陶冶情操，还能在大自然中呼吸新鲜空气，对身心都很好啊。"

当然，能带动谈话气氛的话题还有很多，需要我们事先了解客户，并在交谈中细心观察，学会与客户谈话，在客户意犹未尽的情况下，往往会顺利进入推销阶段。

总之，很多情况下，商业上的成功之道不是刻意推销，而是打动人心。学会与客户聊他感兴趣的话题，赢得客户的好感，就为推销产品铺平了道路。

适当寒暄，表达你的亲切和友善

一个好的开始，就是成功的一半。人们见面时通常会有一番寒暄，销售也是如此。一段精彩的开场白，通常也都是以寒暄作为铺垫的。英国著名作家托马斯·卡莱尔曾说："礼貌比法律更强有力。"寒暄其实就是一种礼貌，也是在与客户接触中一个比较重要的问题。作为销售员，我们在与陌生客户正式交谈之前，能否做好开场，几乎可以决定我们是否能成功拜访客户。因为初次见面的时候，客户一般都有戒心，对销售员有一种自然的防备心理。为了打破相互之间的隔膜，我们不妨与客户寒暄一番，迅速拉近与客户之间的距离，尽可能与客户实现沟通和交流。

贝尔纳·拉迪埃是某空中客车飞机制造公司的销售能手，当他被推荐到空中客车公司时，面临的第一项挑战就是向印度销售飞机。这是一个棘手的任务，因为这笔交易似乎已经被判"死刑"了——这笔交易已由印度政府初审，未被批准。此时，一切希望都压在了销售代表身上。

对此，拉迪埃深知肩上的重任。他稍做准备就立即飞赴新德里。接待他的是印度航空公司的主席拉尔少将。

拉迪埃到印度后，见到他的谈判对手后说的第一句话是："正因为你，使我有机会在我生日这一天又回到了我的出生地，谢谢你！"这句话一语中的，很有效果，迅速拉近了和这位少将的距离，成功推销出自己的飞机。

拉迪埃靠着娴熟的销售技巧，为空中客车公司创下了辉煌的业绩：仅在 1979 年，他就创纪录地销售出 230 架飞机，价值 420 亿法郎。这少不了他善于寒暄的功劳。

"正因为你，使我有机会在我生日这一天又回到了我的出生地，谢谢你！"这是一句非常得体的开头语，表达了好几层含义：那天是他的生日，而且印度是他的出生地；而能在生日当天这个值得纪念的日子回到自己的出生地，完全得益于对方，因此，他感谢主人慷慨赐予的机会。这句话并不冗长，但简明扼要、贴切自然地拉近了拉迪埃与拉尔少将的距离。拉迪埃的印度之行取得了成功，也就不足为奇。

在"寒暄"一词中，"寒"是寒冷之意，"暄"是温暖之意，合起来是嘘寒问暖。所以，寒暄就是与客户拉家常，聊一下客户喜欢的话题，如："王主任，您的小孩在哪个学校念书？"

其实，寒暄主要用于在人际交往中打破僵局，缩短人际距离，向交谈对象表达自己的敬意，或是借以向对方表示乐于与之多结交之意。所以，在与他人见面之时，若能选用适当的寒暄语，往往会为双方进一步的交谈做良好的铺垫。与客户交往也是如此，当与客户见面时不直接进入主题，而是进行适当的寒暄，有助于拉近彼此之间的距离。与客户寒暄、聊天其实是打消客户戒备心理的一种方式，利于慢慢建立一种友好的合作关系。

当然，我们还需要注意的是，与客户寒暄的前提是，我们要大胆、自信、主动地和客户交流，敢于向客户抛出话题。这一点对于那些刚踏入销售行业的新人尤为重要，如果不敢主动迈出第一步，就无法做到突破。刚开始做业务，往往不知道跟客户讲些什么，而且有时候有很多的顾虑，很容易和客户冷场。

除了主动，我们寒暄时还要表达出自己的真诚与热情。试想，当别人用冷冰冰的态度对你说"我很高兴见到你"时，你会有一种什么样的感觉？当别人用不屑一顾的态度夸奖你"我发现你很精明能干"时，你又会做何感想？推己及人，我们寒暄时不能不注意态度。

总之，学会与客户寒暄，在客户意犹未尽的情况下，往往会顺利进入推销阶段。有时候，商业上的成功之道并不是刻意推销，而是打动人心。学会与客户寒暄，赢得客户的好感，就为推销产品铺平了道路。

鼓励客户向你倾诉，做客户的知己

现实推销中，可能一些销售员会产生疑问，为什么客户总是把我当出气筒，总是向我倾诉不快？其实此时，你应该庆幸，你的客户已经开始信任你了，他的心扉已经向你敞开，希望得到你的回应和帮助。

我们要把客户当成真正的朋友，与客户交谈时千万不能带着强烈的目的性，不要每次见到客户都一味地谈论自己的产品，这样会给自己很大压力，感觉会很不自然。如果真心把客户当作朋友相处，你会很轻松，在业务上更会有意外收获。因为，如果你单纯把自己与客户的关系保持在买卖上，你就会以产品为导向与客户交往。而把自己作为客户的知心朋友时，你在和客户的沟通中就会以客户需求为导向。这两种导向的不同，会决定你在事业上能否走得更远。

这天，化妆品销售员小林来到某准客户家，开门的是位年轻的太太，很明显，这位太太很不高兴，脸上还挂着没擦干的泪水。小林赶紧说："太太，您怎么了？遇到什么伤心的事情了吗？"

客户："没有，你是哪位？我不认识你！"

小林："我是一名化妆品销售员，在敲开您的门之前，我是准备向您推销产品的，可是当我看到您一脸的愁容，我觉得我有其他的使命了。"

客户："真是很感激你，其实，我没什么事。"

小林："家家有本难念的经，我能理解，尤其是咱们女人，要操持好一个家，努力经营好一段婚姻，真不是一件容易的事。"

客户："你说得太对了。我的丈夫就是一个永远不知足的男人，我这么努力地操持着家里家外的事，他却一回来就跟我吵架，甚至连我做的饭都不吃，我都不知道该怎么办了，难道他喜欢上别的女人了吗？"

小林："太太，我觉得您需要勇敢一点儿，要和您的丈夫谈谈，这样问题才能解决，不然即使您伤心，他也不知道啊。"

客户："你说得有道理。我是该找个机会和他摊牌。对了，你刚说你推销化妆品，都是什么样的产品？"

小林："……"

当面对陌生的销售员，这位太太即使"心有千千结"，也不愿意向小林倾吐，而当小林以坦诚的态度表明原本来意和对自己的关心，她对小林的防备心就稍微松弛了一点点，而当后来小林谈到女人的难处时，更让她感同身受，于是，她的心就彻底向小林敞开了，也就把小林当成了情感倾诉的对象，主动问及产品更是水到渠成的事。

具体来说，我们需要做到以下几点。

1. 从情感上关心客户

山田正皓是日本销售界的能人。一次，在接受记者采访时，他说："拜访客户，在你进门的时候，就要让客户感觉到很轻松，而不是压抑，他们会慢慢打开心扉，逐渐相信你，喜欢你，带着这一原则工作，我顺利签了很多单。或许你想使用一些技巧，但在使用这些技巧前，你先要让客户感觉到轻松，让他们感觉到你是来帮助他们的，而不是来推销的就行了。"

山田正皓在销售过程中总是竭尽全力地鼓励和关心客户，让客户感受到来自他的关心，把他当成知己，这对他的销售工作发挥了极大的推进作用。也正是因为这一点，他不但做成了生意，也结识了不少朋友。

2. 体会客户的心情

一般来说，当客户心中不悦的时候，对于我们的推销会采取拒绝的态度。当你被客户拒绝的时候，首先想到的不应该是客户的不通情理，而是客户可能遇到了什么不顺心的事，例如，孩子惹了祸、被领导骂了等。

所以，我们不要先想客户的不对，而是要从客户的角度，体会客户的心情，这就是心理学上说的"同理心"。如果销售员能以这样的心态与客户交流沟通，就会拉近与客户的心理距离，让客户接纳你，当客户把你当成知心人的时候，距离成功销售也就不远了。通常你以这样的心态和客户交流，客户会觉得你是个值得托付心事的人，会把你当朋友看待。客户对你倾诉的私人故事越多，离你成功推销也就不远了。

3.认真倾听，鼓励客户多说

如何让客户多说，很简单，那就是不断鼓励他说，这更需要我们懂得如何倾听：倾听时绝不可左顾右盼、心不在焉；倾听时要懂得反馈，向对方表明你对其情感的理解；可以适当地重复客户的话，表明你正在认真听。

当然，如果客户存在某些我们能为其解决的难题，行动比语言更有说服力，你的帮助一定会让他对你感激万分，成功推销也就不在话下！

态度亲和，快速拉近与客户的距离

现实销售中，不少销售员经常会遇到被客户直接拒绝的情况，这是因为客户对销售员有很强的防备心理，他们认为销售员是来掏他们的腰包的，此时，直接道明目的难免会被拒绝。而如果我们能利用心理学上的"亲和力效应"，通过展现我们的亲和力，让客户一步步接受我们，效果可能就完全不一样了。

一般来说，成功的销售员都具有非凡的亲和力，他们非常擅长博取客户对他们的信任，他们非常容易让客户喜欢他们、接受他们。换句话说,他们会很容易跟客户成为朋友。许多的销售行为都建立在友谊的基础上,我们喜欢向我们所喜欢、所接受、所信赖的人购买东西,喜欢向与我们具有友谊基础的人购买东西,因为那会让我们觉得放心。所以,一个销售员能不能很快地同客户建立起很好的友谊,对他的业绩具有重要影响。

婷婷是一名保险销售员,由于人们对保险没有足够的认识,再加上一些小保险公司的违规操作,在一段时期内,人们一提及保险就谈虎色变,唯恐躲闪不及。所以,对保险销售员来说,开展工作何其艰难。

但是,就在别的保险销售员举步艰难的时候,婷婷却如日中天,业绩不断翻番,原来婷婷在推销保险的时候懂得展现自己的亲和力。

这天,婷婷去小区开发客户。她没有穿职业的套装,而是穿着普通的休闲装。不一会儿,她和下楼散步的王大妈聊了起来。她们一开始拉家常,聊到了儿女,最终聊到了老人的赡养。当婷婷给王大妈介绍起保险的时候,王大妈表示没有买的想法。但是由于一开始婷婷和王大妈聊得很投机,所以王大妈也不好意思立即走开。

随后婷婷在向王大妈介绍保险的好处的过程中,慢慢地让王大妈对保险有了全面的认识,同时,王大妈对婷婷也很信任。就这样,王大妈最终在婷婷的帮助下,给自己买了一份保险。

从上面的故事中可以了解到,客户对一些自己不认同的东西心理防备极强。要想攻破这层堡垒，我们就要掌握一些心理学知识，就要通过展现亲和力逐步化解客户心中的疑虑。我们无法想象，一个没有一丝笑容的销售员如何成功推销出去产品。当然，亲和力还包括你的微笑、人格魅力、信心、热情等，这些都能帮助你打动客户。

以下几点，值得销售员借鉴和学习。

1. 得体的形象会让客户对你留下良好的第一印象

销售员在拜访客户之前，一定要穿着整齐干净，和客户交流的时候不要太强势，要有很好的亲和力，让客户在轻松自如的环境中和你交流。客户或许会抵触你的产品，但是不要让客户抵触和你交流。所以，给客户留下良好的第一印象是销售员成功接触客户的前提。

2. 语言生动、语气亲切

采用生动、形象的语言，并配以亲切的语气，这样才能使客户感到愉快，从而对销售员产生信任。

3. 态度要诚恳

在与客户沟通的过程中，要让客户感到销售员是真诚的，客户是不愿意和一个虚伪狡诈的人沟通的。因此，销售员说话一定要恰如其分，符合双方的身份，不然，就会引起客户的反感。

4. 要配合适当的表情和动作

我们都知道，与客户沟通，要注意措辞和语气，这一点固然重要，但如果说话时表情冷漠，动作呆板，那么，再生动的语言也不能起到良好的沟通效果。因此，我们同样要重视沟通时的表情和动作，讲话时一定要配以亲切的表情、自然的动作，使客户心情愉快，但切记不可夸张或矫揉造作，以免客户反感。

当然，这要视不同的销售情况而定。

（1）迎接客户时。有些销售员遇到客户光临，虽然嘴上说"欢迎光临"，却面无表情，一点儿笑容都没有，更有些销售员，甚至对客户上下打量，斜眼看着客户，这都是不对的。正确的做法是报以微笑，目光集中不游离，道出"欢迎光临"。

（2）介绍产品时，恰当使用眼神。我们在向客户介绍产品时，一定要注意自己的眼神，不可眼神游离不定，而要炯炯有神，透露自己对产品和自己的信心，对销售工作的热情、坦荡，这往往要比口头说明更能让客户信任，充满热情的眼神还可以增加客户对产品的信心以及对这场推销活动的好感。

（3）客户试用产品时，销售员需要做到的就是耐心服务，尽量满足其需要，不要有不耐烦的表情。

（4）客户购买后，要真诚感谢。一些销售员常常对已经完成购买的客户虽然嘴上说着"谢谢，欢迎再来"，但一点儿也没有感谢的语气。这些生硬、冷淡的语气和态度会带给客户非常不愉快的感受。客户是我们的衣食父母，无论何时，我们的感谢都要真诚。

所以，亲和力的展现并不仅要由口头语言来表达，还要与其动作、神态以及耐心周到的服务态度互相配合表现出来，这样才能达到语言、动作、神态三者的和谐统一，以取得服务最佳的效果。

说点自己的经历，赢得客户的心

作为销售员，我们都知道，在向客户推销的过程中，客户是心存芥蒂的。一般来说，那些业绩好的销售员，都拥有一个神奇的本事：他们非常容易获得客户的喜爱，让客户愿意信赖他们。的确，先做朋友后做生意，很多生意都建立在友谊的基础上，因为我们都愿意从我们喜欢的人那里购买产品，因为那会让我们觉得放心。

推销大师乔·吉拉德有这样一次推销经历：

有一天，乔·吉拉德的车行里来了一对夫妇，他立即出来接待他们。

"你们好，选中自己喜欢的车了吗？"在对方看了一会儿后，乔·吉拉德很热情而礼貌地上前询问道。

"你这里的车不错，不过我们还得考虑考虑。"

其实，当客户说出这句话的时候，乔·吉拉德已经判断出了客户的心理，于是，乔·吉拉德准备再试探一下。

"你们知道吗？我跟我太太也和你们两位一样。"

"一样？是吗？应该不会吧？"他们说。很明显，他们产生了兴趣。

乔·吉拉德说："我们家每次在准备添置某些大件之前，我都要和太太谋划半天，常常是思虑再三，生怕买了不好的产品，花了冤枉钱，怕自己对产品了解得不够而上了销售员的当。也正因为我知道消费者在购买产品时有这样的担心，所以我在做销售时，从不让我的客户感受到任何强迫，我会给客户充分考虑的时间。说实话,如果不这样的话,我宁可不和你们做生意。当然,请别误会,我真的很想同你们合作,但对我来说,更重要的是,你们在离开时能够有一个好心情、一种好感觉。"

"先生,很高兴您能这么想,谁说不是呢?谁都希望买到放心的产品。不错,我们从不向那种企图强求的销售员购买任何东西。"那对夫妇说。

乔·吉拉德接着说:"讲得对,我很高兴听你们这样讲,两位可以花点时间,好好想一想。要是需要我的话,请叫我一声,我随时恭候。"然后,乔·吉拉德就回到他自己的办公室,**静静地等待**。

当然,乔·吉拉德知道"想一想"对他们来说不会仅是几分钟,可能是好几天,而自己可不能放走这么好的机会。于是10多分钟后,乔·吉拉德回来,若无其事地对他们说:"我有一些好消息要告诉两位,我刚刚得知我们的服务部最迟今天下午就能把你们的车预备好。"

"我们想明天再来。"

"明天?"乔·吉拉德笑了笑,"今天能做的事最好不要拖到明天,如果你们确实拿不定主意的话,可以多方面考虑考虑,我看两位都是利索的人,很快就会下决心的,对不对?"

其实,如果是真心购买的客户,今天买和明天买的确没什么区别,所以,当乔·吉拉德利用"今日事,今日毕"的说辞营销时,也就是顺理成章的了。

他们夫妇二人也的确是当即拍了板,"好吧,我们现在就买了"。

推托是人的普遍特征,销售员在工作过程中会经常碰到这样的情况,如果缺乏技巧,推销成功的机会就变得非常渺茫,而如果能像乔·吉拉德这样巧妙地引导,就会有所收获。

可见,在销售中注入情感,在销售中引入情感,可以帮你解决很多销售问题,运用这一方法,让客户对你也产生情感,进而信任你和接受你,并开始依赖你的时候,自然也会接受你所销售的产品。可见,亲和力的建立,几乎是任何一个销售员在从事推销之前应该学习的内容。

那么,作为销售员,我们在推销的过程中,可以谈及自己哪方面的经历呢?

1. 和客户谈谈自己曾经被骗的经历

通常来说,我们在购买某些产品时,或多或少会因为粗心大意被一些巧舌如簧的销售员欺骗过,而这种经历,我们的客户可能也有过,我们如果能将这些经历拿出来和客户分享,那么,不仅能和客户找到共同话题,还能引发客户的共鸣,同时也会赢得客户的信任。

2. 与客户聊聊自己在销售过程中的"光荣事迹"

如果你告诉你的客户,你曾经帮助其他客户解决过某些难题,或者做了某些好事等,这势必会让你的客户对你刮目相看,对你的信任度也会大大增加,但前提是,你所说的每一个"事迹"都必须是真实的。

当然,销售员可以与客户分享的经历并不只以上两种,凡是能起到打动客户的经历,都可以拿来为我们所用!

与客户建立亲近关系的实战技巧

很多人都知道,追女孩子得用点心思,要让女孩子感受到一点不同的感觉,她才愿意同你交往。而接近客户又何尝不是这样呢?有人说:"销售就像谈恋爱。"的确,只有用与众不同的方法接近客户,才能够获得成功。

销售员每天都要与不同的客户打交道,只有把与客户的关系处理好了,才有机会向客户推销你的产品,客户才有可能接受你的产品。因此,作为业务新手,首先要做的并不是急于推销产品,而是要学会做人,不断培养自己的情商,拉近与客户的距离。

只有想办法接近客户,才能够想办法和客户达成交易。接近客户是很有技巧的。有些销售员总是用千篇一律的方式作为接近客户的敲门砖:"很抱歉,打扰你一下,我是某某公司的某某某……"大家想一下,客户一天要听多少类似的介绍,早就烦透了,这样怎么会成功呢?我们来看看世界顶级销售员乔·吉拉德接近客户的经验:

乔·吉拉德说,有人拿着100美金的东西,却要价10美金都卖不掉,为什么?你看看他的表情?要推销出去自己,面部表情很重要:它可以拒人千里,也可以使陌生人成为朋友。

笑容可以增加你的价值。乔·吉拉德这样解释他富有感染力并为他带来财富的笑容:皱眉需要9块肌肉,而微笑,不仅用嘴、用眼睛,还要用手臂、用整个身体。

"当你笑时,整个世界都在笑。如果总是一脸苦相,则没有人愿意理睬你。"他说："从今天起，直到你生命最后一刻，用心笑吧。"

"世界上大约有 80 亿人口，如果我们都找到两大武器：倾听和微笑，人与人就会更加接近。"

从乔·吉拉德的叙述中，我们发现，他是个喜欢微笑的人，是微笑让对方对他产生好感，并信任他，从而愿意与之继续交往。

作为销售员，我们不得不承认一个事实：销售是一个被很多人误解的工作，也因一些不良销售员做坏了名声，致使一般人对销售员常有拒绝的心态，这就让销售员接近客户产生了难度。那么，该怎样接近客户呢？

这里，如果我们要和乔·吉拉德一样，取得客户的信任，可以尝试以下几种方法。

方法一：他人引荐法

一般来说，对于陌生的销售员，人们是心存戒心的，因此，人们多半会毫不犹豫地拒绝，这也是让很多销售员头疼的问题。而人们对于身边的朋友、邻居、同事，则是信任的，因此，如果我们能利用中间这层关系，则能帮助我们节省很多精力。据调查，通过他人的帮助接近客户的方法是非常有效的，成功率高达 60% 以上。

他人间接引荐的形式很多，有电话、名片等。但销售员在使用这一方法时，应该需要注意态度要谦虚，一定不要摆高姿态，否则会让对方心生反感。另外，也不要居高临下，即使你与介绍人之间关系密切，而介绍人又是有一定身份地位的人,也不可炫耀,而应该心平气和地向对方介绍你们之间的关系。例如,你可以说:"大学时候,在学生中最受欢迎的就是某某老师了,毕业后,他跟我提起过您,说您是一个非常关心患者的好医生,他介绍我来拜访您,这里有他给您的一个便条。"

方法二:求教法

通常来说,人们都是好为人师的,这是人性的一大特点,对于他人的求教,也一般都愿意给予帮助。销售员可以通过请客户帮忙解答疑难问题,或者直接向客户提问接近客户,这样,客户便有一种老师的感觉,自然对你产生好感。

例如,你可以这样请教客户:"王总,很多人说您是机电产品方面的专家与权威,最近我公司研制出 A 产品,我们老板今天给我下了命令,非要我过来询问一下您的意见,可以吗?"

但销售员需要注意的是,你提的问题一定要在对方熟悉的范畴,否则,对方回答不上来,自信心受损、失了面子,自然不愿意与你继续交谈。

方法三:事件法

接近客户必须要有理由,而事件就可以被当成是一种契机。这些事件可以是销售员自己的,也可以是企业的、社会的、国家的,等等。

举个很简单的例子,如果销售员通过了解发现,客户是某某学校 2013 年毕业生,他们正在筹划同学会,客户是当年同学中的活跃者,我们就可以以同学会为理由接近客户。

方法四：服务法

顾名思义，就是销售员通过为客户提供有价值并符合客户需求的某项服务来接近客户。具体的方法包括：维修服务、咨询服务、免费试用服务、信息服务等。

但销售员依然需要注意一点，你所提供的服务必须是客户所需求的，并与所销售的商品有关。

方法五：社交接近法

每个客户都有一定的社交圈，为此，我们不妨先走进客户的社交圈，如果客户是个旅游爱好者，参加了某个旅游组织，作为销售员的你也可以加入该组织，以此接近客户；再比如，你发现在你所在的社交圈子中有可开拓的生意资源，你也可以多加利用。

但在社交生活中接近客户，此时的交谈，一定不要过于心急，不要开门见山地推销产品，而是尽量先与客户形成和谐有缘的人际关系。比如在车站、商场、农贸市场、飞机上、学校等公共场合，都是接近客户的好机会。

总之，接近客户是与客户交流的第一步，是从"未知的遭遇"开始的。任何人碰到陌生人，内心深处总是会有一些戒备。因此，只有迅速地打开客户的心扉，才能够取得成功。这就需要销售员在接近客户时多下功夫，而很多销售员都苦于没有办法接近客户，主要是他们多半是在客户很忙的时候去拜访，而且方法非常单一。如果销售员能综合运用以上几种方法，找准接近客户的时机，那么，接近客户的成功概率也就大大增加。

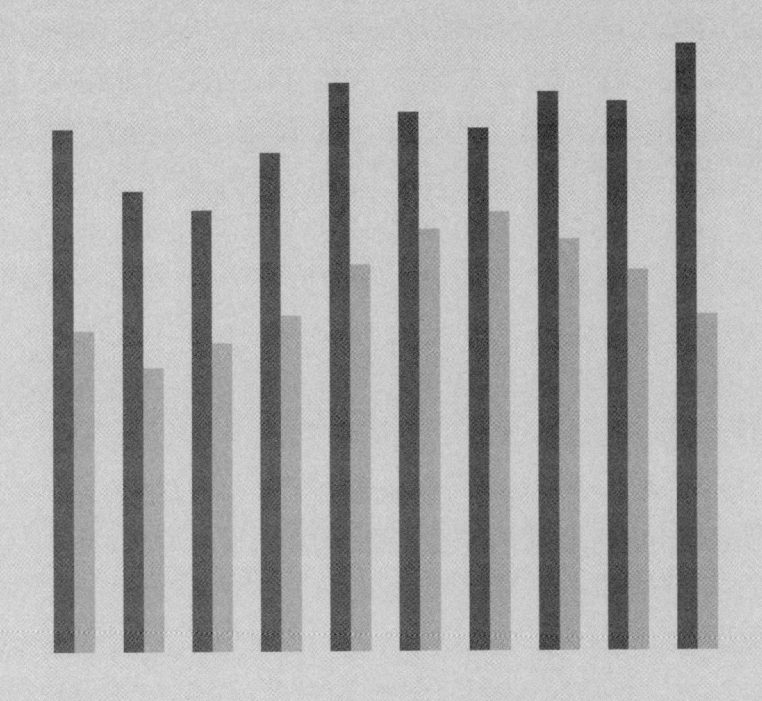

第 03 章

抛砖引玉,先谈客户的兴趣再推销产品

介绍产品优势,让客户听了不反感

作为销售员,我们都知道,成交才是我们推销的最终目的,而在这个过程中,让客户感受到产品带来的美好感觉,并对销售员以及产品产生信任,就成了销售员要努力做到的工作。在销售中,产品占据了重要地位,为了达成交易,我们需要说客户想听的话,而引人入胜便是方法之一。对此,我们先来看看推销大师乔·吉拉德曾经的一次经历。

那时,乔·吉拉德刚从事销售事业不久。一次,他向一家旅行社咨询去拉斯维加斯度假的费用。到了旅行社之后,他随后拿起一本夏威夷旅行的指南,此时,一位销售员见状便向他走来,问:"打扰了,先生,请问您去过夏威夷吗?"

"去过,不过是在梦里!"乔·吉拉德开着玩笑。

"那么,您一定会爱上夏威夷的。"这位销售员说,随后,他便向乔·吉拉德出示了一些资料,并介绍了一些夏威夷的风景名胜,不仅如此,他还用自己的语言,"画"了一张生动的夏威夷之旅给乔·吉拉德,并告诉乔·吉拉德说:"您与您的妻子一定会在那边的海滩玩得很愉快,并且,这次旅行会让您永生难忘!"

乔·吉拉德的确动心了,但当这位销售员一报出夏威夷旅游的价格后,乔·吉拉德不由自主地退缩了。销售员一看乔·吉拉德的反应,就镇定地说:"乔·吉拉德先生,您上次度假是什么时候?"

"我记不清楚了。"他之所以这么说,是为了掩饰自己的心虚。

"那您真是亏待了您夫人与您自己。"他继续笑着说:"我们都知道,生命真的太短暂了,您这样每天辛苦、努力地工作,不给自己奖励是不行的。况且,度完假回来之后,您的状态会更好,进而销售更多的车,来弥补这一次的花费,我确信您回来以后,一定会持续一路向前冲。因为您从这次旅行中获得了足够多的能量!"

就这样,在这位销售员的左右夹攻之下,乔·吉拉德决定去夏威夷度假,即使他原本根本没打算去那里。

从乔·吉拉德这次经历中,我们发现,有时候即使我们的客户没有购买需求,但只要我们善于挖掘,加以引导,让客户感受到产品的魅力,那么,客户也会心甘情愿掏钱购买。但要想成功地打动客户,销售员就要将产品的优越性以最吸引人的方式或语句展示给客户,因而销售员自己应先对所推销的商品有一个正确的、透彻的认识,而这就需要一定的技巧了。以下是几条建议。

1. 突出产品卖点

销售员一定要对自己所推销的产品有透彻的了解和认识,要做产品的专家,要弄明白,哪些是产品的物理特性,哪些是能对客户产生价值的部分。同时,销售员在介绍产品的时候,要懂得联系客户的需求,因为如果这些产品的卖点不与客户需求联系在一起的话,就不能产生任何效用。如果不能针对客户的具体需求说出产品的相关卖点，客户就不会对产品产生深刻的印象，更不会被说服购买。如果针对客户的需求强化产品的益处，客户就会对这种特征产生深刻的印象，从而被说服购买。

2.掌握一些基本的、突出产品优势的说话方式

一般情况下，无论产品存在什么样的优势或者特性，不外乎经济、方便、安全等几个方面，针对这些方面，销售员要根据不同的客户采用下面不同的说明方法。

（1）"这款技术目前是国内最先进的，很多大型企业已经率先使用了。"

（2）"方便的使用方法会给您节约大量的时间。"

（3）"这种产品可以更多地体现您对家人的关心和爱护。"

（4）"这款设计，更适合像您这样有品位的人。"

3.从客户的价值观入手

每个产品都有自己的优点和卖点，这是毋庸置疑的，但要将这些卖点与客户的需求联系起来，还需要销售员做好解说工作，如："您提出的产品功能和售后服务等，我们都可以满足您，另外，我们的产品最大的优点是……"在强化产品优势时，销售员一定要确保自己的介绍实事求是，而不是夸大其词的，这才能取得客户的信任。

总之，一流的销售员，不会直接告诉客户产品有什么好处，而是会告诉其产品能为其带来什么好处，当客户通过我们的产品或服务，获得自己想要的利益时，便自然会心甘情愿把钱放到我们的口袋里！

先谈客户的兴趣，再推销产品

从事销售的许多人总是羡慕那些成功者，认为他们总是太幸运，而自己总是不幸。事实证明，好运气是有的，但好运气却偏爱那些做足准备的人。同样，我们在与客户沟通前，最好事先对客户有所了解，这样不仅能增强销售员的自信心，还能帮助我们找到客户的兴趣爱好，以此作为与客户交谈的突破口。我们再来看看下面这位销售员的推销经历：

一个周六的早上，老年保健仪器销售员小林敲开了客户吴先生的门。开门的正是吴先生。

进门以后，小林扫视了一下客厅，整个客厅有种古色古香的感觉。不一会儿，他抬头就看见满客厅的字画。很快，他就找到了与吴先生交谈的话题。

"哎哟，这字写得，我真不知道怎么形容好，吴先生，这是您从哪里弄来的墨宝呢？是哪位书法家的真迹啊？"

吴先生一听，顿时笑了起来，说："真是见笑了，这是我父亲写的，他比较爱好这些，平时没事就舞文弄墨……"

"看来我今天还真是来对了，令尊现在在家吗？"

"这几天他去省城的姐姐家了，估计过几天才会回来。"

"真是可惜了，我还想要是令尊在家的话，我想向他老人家讨要几幅他的字画呢！"

"哦，原来是这样啊，这个你可以放心，我可以做主，送你几幅。"

"太谢谢您了……"

就这样，吴先生与小林就中国字画的问题聊了起来。聊到尽兴之时，小林突然装作乍醒的样子说："吴先生，您看，我和您一聊到这里，就忘了我今天来原本是想……不过，您不购买也没关系，我今天可是收获颇丰啊。"

"你说的是老年保健仪器？老爷子身体现在越来越不好了，我也没时间陪他锻炼身体，要不，你回头送一台过来吧。"

"好的，谢谢吴先生啊！"

案例中的客户吴先生为什么会如此爽快？很简单，这得益于销售员小林在提出销售问题上进行了一番语言的铺垫。在小林进门之后，他就对客户家的一些特点进行了一些观察，难道他真的不知道这些字画出自客户的父亲之手？当然知道！他这样问，只不过是让自己的赞美显得更真实可信。于是，针对客户家这些与众不同的"风景"，小林与客户展开了一番深入的交谈，他很快便获得了客户的好感。此时，小林再提出自己拜访的真正目的，客户的抵触情绪自然会少很多。而在这种情况下，小林依然不断提及自己"今天拜访收获颇丰"，这就更加加深了客户对自己的良好印象。这时，客户再从自己的角度考虑，就很爽快地表明自己有购买需求。

在与客户沟通，尤其是初次相识时，客户难免存在一点儿戒心，不容易放松心情。因此销售员要特别重视用心说话，善于发现客户感兴趣的话题，从而让拜访在轻松愉快的氛围中进行。而通常来说，一个聪明的销售员同时会有敏锐的观察力，他们很善于发现他们交谈的场所的特点，然后引导客户继续谈下去，进而顺利地把话题引到销售上，令销售顿时变得容易很多!

可能有些销售员会产生疑问,我们该如何在销售中做到抛砖引玉呢?

1. 开口前先热身

在开口推销之前,就应先鼓励自己:"我能行!"这样有助于你鼓足勇气,向客户推销。

2. 善于观察,发现客户的兴趣爱好

倘若你稍微留意一下,就会发现这样一些东西,例如,照片、奖状、唱片、动植物等,这些你可能忽视的东西却常常会引起客户的兴趣,因为这些东西对于客户来说可能有纪念意义,或者是客户的爱好等。所以,要提一提,认真询问,客户会欢迎的。如果你能引导客户为你一一介绍这些宝贝,他们会非常感激你,因为他们能从中得到乐趣。他们平时很少有机会这样做,这种感激变为行动,他们或许就会说:"好了,说了半天了,你也来介绍一下你的产品吧。"

3. 不忘赞扬对方

举个很简单的例子,假如我们邀请别人来家里做客,那么,在邀请对方之前,我们一定会好好收拾一下,会清扫房间,归置东西,甚至还有可能买点鲜花,拿出家里最好的饮品等。同样,无论是在客户的办公室或者家里,如果你发现了交谈场所的布置、装修或者客户的爱好有你欣赏的地方,就要真心赞美对方,这样客户就会喜欢你,因为你的赞赏是发自内心的。

例如,你可以这样赞美客户:"阿姨,墙上那照片是您儿子吧,看上去真英俊,一定是个知识分子,相信阿姨一定是个教育有方的好妈妈。"

但同时,我们要注意:赞美是一个非常好的沟通方式,但不要进行夸张的赞美,夸张的赞美只能给人留下不好的印象。

可见,作为销售员,如果我们能在推销前多多准备,了解销售环境,就能找到沟通的话题,让客户来主动讲话,和我们进行有效沟通。

如何让客户觉得你很专业

向客户介绍、展示产品是销售中的必经阶段,也是让客户拿主意的关键阶段。销售员在介绍产品的过程中语言表达能力如何,也直接关系到客户的最终抉择。任何一个客户,都希望与一个专业素质高的销售员合作,因为专业才能提供更多的保障。如果我们在展示介绍的过程中,语言过于冗杂,势必会让客户没有耐心进行信息的筛选。因此,销售员向客户介绍产品,一定要以最专业、精练的话,使自己的营销活动尽可能高质量、高效率地展开。

销售员小江从客户那里回来后,愤愤不平,正向同事小刘诉苦。

小江:"刚才那个客户真是烦人,他什么都不懂,还非要冒充是行家,说我卖的计算机这里不好,那里不好。还说他们家那台老式的计算机是目前市场上卖得最火的,我看至少有三四年的时间了,你说好笑不好笑。"

小刘:"那你怎么说服他的呢?"

小江:"说服他?我刚开始和他讲解现在的市场行情,他不听,后来我生气了,和他大辩了一通,我使出浑身解数。结果他一句话都说不出来了,哈哈。"

小刘:"那他有没有买你的计算机呢?"

小江:"……"

案例中,小江为什么不能说服客户,反倒和客户起了争执呢?很简单,客户反驳他,是因为他对产品的解说不够专业,试想,如果他能就自己的产品和客户的老式计算机进行一番比较,然后给予专业的介绍,那么,说不定客户会心悦诚服地接受其观点并购买新产品。

所以,对销售员来说,要想在介绍产品时让客户相信你,就需要掌握娴熟、专业、精练的表达技巧,具体来说,销售员需要做到以下几点。

1. 未雨绸缪,介绍产品前先做好各方面的准备工作

我们都有这样的经历:我们在与陌生人交谈前,常会因为紧张而词不达意甚至语无伦次。销售过程中同样如此,毫无准备的销售往往会使我们显得局促、紧张以至说话没有条理,这样,不仅不能让我们把握介绍产品的要点,还会因为耽误客户的时间而引起客户的反感。

另外,对于那些疑心很重的客户,销售员在专业语言方面的准备尤为重要。因为这些客户常常为了证明自己选择的正确性、减少购买的风险,会向销售员提出各种问题,此时,我们凝练的专业语言就能派上用场,帮助你在面对客户提出的各

种问题时为客户提供满意的答案，而良好的销售技巧则有助于你在销售过程中能够更加适时适度地说服客户。

2. 为客户节约时间，与销售目标无关的话尽量少说

销售员介绍产品的过程中，千万不要为了与客户套近乎而啰啰唆唆地说一些无关紧要的话，因为这不但会使你的时间白白浪费，而且还会令客户感到厌烦——客户的时间也是相当宝贵的。因此，产品介绍一定要紧紧围绕自己的销售目标展开，才能在有效的时间内把产品的卖点传达给客户。

3. 为客户考虑，不要为了推销而推销

乔·吉拉德说："任何一个头脑清醒的人都不会卖给客户一辆六汽缸的车，而告诉对方他买的车有八个汽缸。客户只要一掀开车盖，数数配电线，你就死定了。"

因此，在推销过程中，任何一个销售员，都不要为了推销而推销，说出一些不实的话。说实话往往对销售员有好处，因为销售员所说的很多事，客户事后都可以查证。

4. 修饰自己的专业语言

对此，销售员需要做到：

（1）多运用专业、文明、标准的销售语言。例如："您好！我是北京某某公司的小张，上次与您见过面的，我有一个非常好的资讯要传达给您，现在与您通话方便吗？谢谢您能接听我的电话……"

（2）保持微笑，语音、语速和语调训练有素。以这样的方式说话，会让客户产生信任感，增加客户在电话交流时的愉悦感，乐意与你沟通下去。

另外，在介绍产品时要注意，如果客户是个"门外汉"，对产品不是很了解，我们就要尽量使用通俗的语言介绍，因为太多的专业术语会给双方沟通带来障碍。而如果对方对产品比较了解，我们则可以适当地运用一些专业术语，让客户看到我们的专业水准。

5. 在客户体验产品后，给出真诚的建议

客户在试用产品之后，能充分感受到产品的好处和带来的利益，增强其对于产品的信任感，并可加强销售员和客户间的关系。

但在客户试用产品时，我们一定不能千篇一律地对客户说"这个挺适合您的""您穿这件也不错"。因为这样，只会让客户感觉你是为了推销而给出虚假意见。你不妨告诉客户："我觉得您的气质适合穿颜色深点儿的，那件就不错，我拿下来给您试试吧。"这类建议，客户一般会接受。

制造紧迫感，让客户更快做决定

作为销售员，在开发客户的过程中，如果你与客户的关系"不冷不热"，那么，你的业绩肯定也是"不死不活"。而原因可能是，你没有让客户认识到购买产品的紧迫性。

的确，我们与准客户沟通，常常会发现对方对产品感兴趣，但却始终不肯表态，这是因为他们把这种购买意愿储存在大脑中，而没有激发出来，要激发这种购买欲望，就需要销售员采取提问的方式。所以，销售员不仅要尽量满足客户需求，还要尽可能地制造客户需求的紧迫感。

销售员小王供职于一家计算机公司。一天，他拜访了一位客户，小王经过了解发现，这位客户对计算机系统的安全性非常重视，针对客户的这点需求，小王进行了以下提问。

小王："如果您的计算机系统忽然停止工作，并且一天都无法修复，会出现什么情况呢？"

客户："那么我的工作可能无法正常进行，很多重要资料和会议记录也可能无法提取，这将会影响到我的客户，结果将非常糟糕。"

小王："计算机系统崩溃是如何影响您的客户的呢？"

客户："如果我的策划方案无法按时交给客户，我可能会失去客户。"

小王："如果您的文件因为计算机系统崩溃而全部丢失，您会怎么办？"

客户："那是我最不想看到的，我可不希望发生这样的事。"

小王："那么您来试一试我们的计算机系统吧，它将会给您带来安心的体验，将为您避免许多麻烦……"

客户："是吗？那么你们的产品……"

销售员小王之所以能让客户有欲望了解产品，在于小王采用了层层推进的提问方式，让客户产生了一种不购买产品就会对自己造成严重损失的感觉，这就让客户产生了一种购买产品的紧迫性。从小王的提问经验中我们知道，销售员在向客户提问时要有的放矢，切中实际地问问题，才能不断提升客户的紧迫感，客户为了获得内心的安全感，一般都会产生购买欲望,并做出成交决定。

那么,如何才能提高客户的需求紧迫感呢?

1. 开发客户的想象力

一家灯具公司曾经有这样一次推销经历:

有几年,公司致力于推销照明设备,但有个小学一直不肯购买教室黑板的照明设备,销售员联系了无数次,说了无数的好话,但均无结果。

在这个难题无法解决之时,有个聪明的销售员想出了一招,使得销售问题迎刃而解。他是怎么做到的呢?

一天,他当着学校校长和老师的面做起了示范:他拿了根细钢棍站在教室黑板前,两手各持钢棍的端部,说:"先生们,你们看我轻轻弯这根钢棍,它还可以自动复原。但如果我用的力超过了这根钢棍最大能承受的力,它就会断。同样,孩子们的眼睛就像这弯曲的钢棍,如果超过了孩子们所能承受的最大限度,视力就会受到损坏,那将是花多少钱也无法弥补的。"

果然,他的办法奏效了。很快,那所小学就更换了所有的教室黑板照明设备。

公司的销售员在向这所小学推销照明屡次遭拒后,便转换说服方式,他在校长和众多老师面前做了一个绝妙的示范,让校长和老师们都认识到照明状况对孩子们视力的重要性。而事实证明,这一方法奏效了。可见,在向客户介绍产品时,充分调动客户的想象力是非常重要的。让客户跟着我们的思维走,在我们预设的思想基础上去想象,客户对产品的印象就会更深刻,理解也会更透彻,客户自然就会对产品产生和我们共同的认知，销售活动自然就畅通无阻了。

2. 了解客户需求，然后通过客户需求深化困难

在深化客户困难前，销售员要了解客户需求。然后，销售员可以通过提问，对客户的内心需求一步一步地分析，让客户认识到如果不购买产品可能造成的影响甚至困难等，客户在内心进行一番权衡之后，自会做出有益于自己的决定，也就是购买产品。

例如，在销售员向客户推销吸尘器时，销售员就可以使用深化困难的提问方式，逐步增加客户需求的紧迫感，提问可以包括以下内容：

"您每天花在擦灰尘上的时间是多久？"

"灰尘对人身体的伤害是很大的，你在打扫灰尘时，是不是感觉不舒服？"

"尤其是孩子，更需要在一个干净安全的环境中成长，不是吗？"

销售员这样不断深化客户所能遇到的困难，向客户展示缺少产品给客户带来的严重性，就能逐渐提高客户对产品需求的紧迫感，从而更快地做出成交决定。

3. 持续提醒客户困难的存在

想要让客户的需求转化为购买产品的强烈欲望，销售员还要注意提醒客户，注意向客户提问的频率，尽量保持提问的连续性。客户只有被提醒，需求感被强化，客户的这种紧迫感才会增强。一旦提问中断，就会如同将记忆橡皮筋放松，失去了应有的效果。

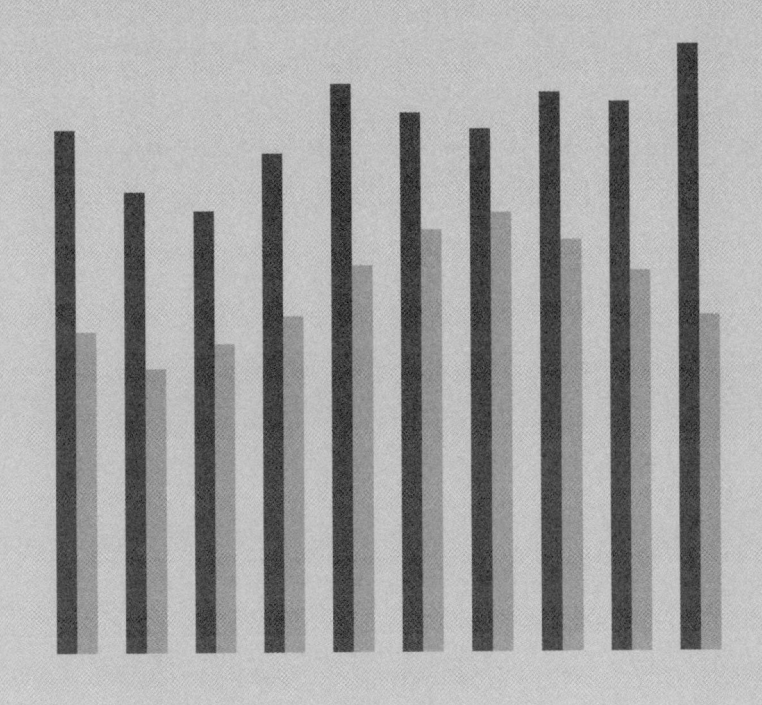

第 04 章

化解异议,巧用话术打消客户心中的顾虑

讲讲真实案例，打消客户的疑虑

销售过程中，销售员要达成交易，首先要解决的问题就是激发客户的购买欲望，让客户动心，客户对产品没有任何兴趣，何谈购买？而现实销售中，有时候我们使出浑身解数，向客户展示出产品的众多优点，可客户似乎却不吃我们这一套。但如果换种推销的方式，例如，向客户展示一些真实案例，进而放大客户的需求，就会让客户有种紧迫感，自然就会加快购买的脚步。

的确，销售过程中，任何时候都最忌毫无事实根据的论述。因为对于陌生的销售员、陌生的产品，谁都会心存戒备，更别说信任了。此时，若我们的言谈没有事实依据，那么，则会加深客户的疑心，也就无法激发客户的购买欲望，而如果我们能展示出事实例证，给客户吃一颗定心丸，自然会增加客户购买的信心。

一位先生来到商场，准备购买一台笔记本电脑。

导购员："听了这么多介绍，您对这台笔记本电脑一定也有不少了解了吧。"

客户："对，不过你们搞促销是因为这台笔记本电脑已经上市好几年了，都快过时了吧，我还是等到新一代笔记本电脑出来再说吧。"

导购员："先生，是这样的，我们之所以有优惠活动，并不是说这款笔记本电脑要过时,相反,这款笔记本电脑销售得非常好,您看这是去年某某报做的一个市场调查,我们公司产品的市场占有率全国排名第五呢。因为产品卖得好,自然就会采取优惠活动来返利客户了。而且,以这款笔记本电脑现在的配置,虽然已经上市一年了,但依然没有过时,所以,现在买这款笔记本电脑的话,是既实惠又实用。"

客户:"嗯,你说得不错,说不定新品出来的时候,在配置上也和这款差不多。"

……

在这则销售故事中,客户之所以否定眼前的产品,是因为他对眼前搞促销的产品存在一定偏见,认为产品要过时,无法满足其对产品"新"的需求。针对这一点,销售员从产品的销售量入手,向客户介绍产品的畅销情况。因为畅销情况代表着产品在客户中的认可度,可以间接地证明产品的质量、口碑等。

生活中,如果有朋友对我们说:"老王,这一款是我们卖得最好的产品,已经畅销全球50年了,咱们那些老同学现在都在使用它。"那么,我们多半也会选择购买,因为同龄人之间往往会产生一种认同感,如果我们周围的朋友都在抢购一种产品,那么,势必会产生一种热潮。现代社会,流行性产品的诞生,多半是由于这个原因。

对此,我们可以从以下几个方面着手。

1. 用具体的、真实的事例来说明问题

真实的事例是一种具有说服力的论据。比起抽象的产品质量报告，具体真实的事例显得更加形象生动。如果销售员告诉客户："我们是某大型活动的合作伙伴，这是我们的合作标识。"那么客户不仅会深信不疑，还会欣然接受。

另外，销售员给客户举的案例一定要真实，否则就是搬起石头砸自己的脚。

2. 表明产品的畅销度

生活中，人们都有一种从众心理。在购买活动中，这种心理更为明显，这是降低内心危险意识的一种典型体现。销售员要想促使客户购买商品，利用这种从众心理促成交易，也是一种不错的选择。尤其对于那些追求流行的客户，这一招经常可以起到作用。例如，你可以拿出产品的销售情况表，告诉客户："您看，这是我们这个月的销售情况和客户反馈意见表……"这是产品畅销度最好的证明方法，客户自然会打消心中疑虑，购买产品的欲望也就更强烈。

3. 借助权威为产品打广告

销售员可以借用专家的研究或分析结果，也可以借用与知名人物或企业的合作来强调产品的"品牌"。这种事例资料浅显易懂，真实可信，十分具有说服力。例如，"某某500强企业一直在用我们的产品，到现在为止，已经和我们公司建立了5年零8个月的良好合作关系。"在说明的同时，用一些图片或是资料进行辅助证明，就能发挥出最好的效果。

可见，客户对产品提不起兴趣，并不是客户不需要，很多时候是我们没有激发起客户购买的欲望。此时，如果我们能为其摆出一些事实例证，就可以激发客户对产品的信任度，从而让其放心购买。

优秀的销售员会让数据说话

在现实的销售中，一些客户不相信客户的话，大多是因为被虚假信息蒙蔽，或是听信谣言。销售员对于这样的客户，最好的方法就是用事实来说话，用真实、准确、全面的知识和数据来说服客户，从而更正客户的错误观点。要知道，"事实胜于雄辩"。权威的认证和精确的数据比单纯的辩解更具说服力。

演讲大师卡耐基就曾经运用数字说服过别人。事情的经过是这样的。

因为开课需要一个大型的场所，所以，卡耐基在纽约某家大旅馆租用了一个大礼堂，每三个月的花费大概是一千美元。

有一个季度，卡耐基正要上课，突然接到了旅馆经理的通知，要求卡耐基支付原来三倍的租金，而就在这个时候，卡耐基开课的入场券已经散发了，所有准备工作都已办妥，退掉已经不可能，所以，卡耐基准备找这个经理谈谈。

卡耐基对经理说："我接到你的通知，有点震惊，毕竟三倍租金不是小数目。不过从你的角度看，也合情合理，你的责任本来就是让旅馆尽可能多地赚钱。如果你不这么做，你的收入就会减少。但是我们可以看看这样做到底是有利的还是不利的。"

卡耐基从容不迫地说："先讲有利的一面。假如这个礼堂是拿来租给那些演出的话，可以获得很大的利润，我们来算一笔账，假如每天一次，那么，按照出租给我的时间，也就是20晚，一晚200美元，一共是4000美元，这样算下来，老板你亏大了。那么，你会问，不利的一面是什么呢？你增加我的租金，同时也是在降低你的收入，因为你加三倍租金，我肯定要走，我会另寻其他的地方来讲课。"

"对了，我还有件事，那就是我的训练班所吸引的都是纽约最有文化和知识的人，他们到你的旅馆来听课，无疑就是给你的旅馆做免费宣传，这可是即使你花几千美元也做不来的广告。这难道不划算？"讲完后，卡耐基告辞了，"请仔细考虑后再答复我"。当然，最后经理让步了。

卡耐基之所以获得成功，只是因为他站在经理的角度想问题，把增加租金与保持租金的好处用数字清楚地表达出来而已。可见，销售员在向客户介绍产品的时候，如果能用精确、权威的数字说明，会显示出我们的专业水平，从而会增加产品的可信度。

的确，在销售中，一定要显示出自己的专业素质，尽量权威、精确地介绍产品的各个方面，越是精确、越是权威的数字，越能让客户感受到你的专业，也就越能获得客户的信任。现在，很多商家意识到了这种方法的重要性，所以在广告宣传中，都运用数据来说话。比如：

某某润肤露："只要30天的时间，您的肌肤可以……"

"科学证明，我们的太阳能电池充满一次电，能待机20天。"

某某牙膏："只需要14天，你的牙齿就可以……"

"我们的洗衣粉能去除99%的污渍。"

"我们已经对全国超过1000名的使用者进行了连续1个月的跟踪调查,没有出现任何质量问题。"

那么,销售员应该从哪些方面用数字说话呢?

1. 产品的性能和指标

例如,冰箱销售员在介绍产品的时候,可以这样告诉客户所卖冰箱的省电量:"你知道吗?这款冰箱二十四小时都在使用的情况下,能比其他品牌的冰箱省电5%。"这样说,不仅能体现销售员的专业,而更为重要的是,该冰箱的优越性能展现得立竿见影。

2. 产品的普及程度

例如,销售员可以告诉客户,你所销售的电视已经在全国多少省市畅销,获得多少消费者好评等,如此一来,产品的质量也就有一个很好的证明。

3. 购买产品会给客户带来多少好处

客户最关心的是利益问题,而真切的数字会更让客户信服。例如,生产机器类销售员可以这样告诉客户:"假如你从现在开始使用我们的机器,那么,在一个月以内,贵厂的产品产量将会增加××,收益会增加××。"

用数据和事实来说服客户和很多销售技巧一样,虽然具有很好的作用,能增强产品的可信度,但如果数字本身的可信度有问题,例如,数字不准确或者虚假、夸张等,就会引起和客户之间的信任危机,因为一旦客户发现这些数据本身有问题,就会对销售员本身乃至整个公司的产品产生怀疑,这无论对于销售者还是企业，都会产生无法估量的恶劣影响。

总之，如果我们能使用一些真实、准确的数字，并做到适时使用，客户对产品一定会有更为深刻的认识！

轻松化解客户对产品效果的担心

任何客户在购买产品的时候，都希望产品能物美价廉且趋于完美。但作为销售员，我们都清楚，没有任何一件产品是完美的。正因为这样，很多客户在购买产品的时候对产品百般挑剔，甚至对产品的功效直接否定："这件衣服的做工也太差了吧，这样的衣服你们也敢挂出来卖！""这冰箱怎么制冷效果这么差啊？"面对这种情况，很多经验尚浅的销售员会支支吾吾、语无伦次，并做出客户已经拒绝购买的判断。

其实，销售员完全没有必要紧张，因为客户也深知世界上没有绝对完美的产品这一道理，此时我们应保持镇定，耐心地向客户解释，突出产品的长处，以此来淡化产品的劣势。即便客户直接指出产品的缺点，也不要慌张，要耐心向客户解释，打消其心中的疑虑。

某电脑城，一位先生携带自己的儿子，准备为其购买一台笔记本电脑，经过销售员的引导，父子俩都觉得一款黑色的笔记本电脑不错。

销售员："先生，您的眼光真不错，这款笔记本电脑配置高，功能强大，非常适合现在的学生用，无论是学习还是游戏，都再适合不过了。"

客户:"是吗?这台笔记本电脑是什么配置?"

销售员介绍了配置并拿出产品说明给客户看。

客户:"这款笔记本电脑真的像你说的那样?怎么可能这么高的配置这个价钱?你吹的吧。"

销售员:"其实我知道您担心买到不满意的产品,如果换我也会这样,不过对于这些数据我早就烂熟于心了,绝对不会有错误。而且,我们都会尽力提供好售前服务,否则客户发现产品不是自己想要的,结果回来退换货,麻烦的还不是我们自己。另外,关于价格问题,是这样的,这周我们店庆,所以,所有笔记本电脑都参与优惠活动,您就放心吧。"

客户:"原来是这样啊。"

客户心里似乎都对销售员存在一定的质疑,尤其是这种空口无凭的解说,更会让客户觉得是在"吹牛"。案例中,销售员面对客户对产品功能的质疑,并没有采取如"我都已经卖出去很多台了""怎么,您还怀疑我骗您啊?""当然有事实依据了,我怎么能骗您呢?"等应对方式,因为这些回答不仅没有说服力,还会加深客户的怀疑。案例中的销售员先肯定了客户的顾虑,然后再以诚恳的态度告诉客户,提供好售前服务是为了免于售后服务带来的麻烦,最后,他针对客户所考虑的价格问题进行了解释,最终让客户心服口服。

那么,具体来说,当客户否定产品的功效时,我们该如何处理呢?

1. 保持良好的服务态度,不要试图与客户争吵

不管客户出于什么目的而否定我们的产品,我们都不能

与之争吵。因为争吵解决不了任何问题，十之八九争论的结果会使双方比以前更相信自己绝对正确。你是赢不了争论的，要是输了，当然你就输了；如果赢了，你还是输了，因为客户已经丢了面子，不会再向你买东西了。无论争辩什么，你都是得不到任何好处的。当客户直接否定我们的产品功效时，我们一定要先认同客户，安抚好客户的情绪，以友好的态度来对待客户，营造出公平、愉快的氛围，让客户感觉到自己受到了重视，此时，他就会愿意与销售员沟通，从而可能有更多的机会购买产品。

当然，避免发生争执，并不是说应该忍气吞声地放弃原则和利益，迁就客户的无理要求，事实上也根本用不着这样。

2. 辨析客户的真假异议

很多时候，客户称我们的产品功效差，并不是真的对产品存在异议，而是希望得到优惠和降价或者为了达到其他目的，此时，如果我们不能辨别出客户的真假异议，就会在与客户沟通的时候南辕北辙，达不到真正的沟通效果。当然，这需要销售员运用敏锐的观察力，从而发现客户的刁难并非真的有异议。我们通过对客户言行举止进行认真观察，来加深对客户的认识并把握沟通方向，是很多优秀的销售员经常使用的一种方法。

另外，积极地询问也是找出客户刁难我们的真实原因的一大良方，多问一些"为什么"，让客户自己说出原因，这样更有助于我们更好地做好判断。

3. 产品本身的确存在问题时，要尽力为客户解决

当然，客户否定我们的产品功效，也可能的确是产品本

身存在问题。此时，客户虽然指出了产品的确存在的某种缺点，我们也不要让思路跟着客户走，而应该继续强调产品的优点，并学会扬长避短地回应客户。例如，"太太，的确，我们的这款洗衣机操作起来是有点儿复杂，但正是因为这样，它有着很多其他洗衣机所没有的功能"。另外，如果你由于疏忽，展示给客户的产品正好是存在瑕疵的产品，那么，你要先向客户道歉，然后再拿一款完好的产品给客户重新试用。

总之，无论客户对产品存在什么样的顾虑，我们都要加以重视，灵活应对，摸清客户的想法并为客户提供周到的服务！

如何消除客户害怕被骗的心理

作为销售员，可能你也有这样的经历，还没等你开口介绍产品，客户就将你拒之门外；无论你怎么苦口婆心、好言相劝，客户还是不愿意购买，或者客户明明想要购买了，却还是心存疑虑，迟疑不定……这是因为客户对销售员心存芥蒂，他们认为，销售员多半是为了推销而推销，客户存在这样的心理有很多原因，其中就有可能是客户吃过其他销售员的亏。此时，如果我们一味地向客户推销，有时不但不能打动客户，反而会加重客户的疑心，而如果我们能体会客户的情感，拿出让客户信服的证据，便能很快拉近与客户的心理距离。

一天，某商场的导航仪专柜来了一位先生，准备为自己的爱车购买一款导航仪，在销售员的一番介绍后，这位先生终于表态了。

客户:"你们这款导航仪真的有你说的那么好吗?我看不见得吧。"

销售员:"关于产品的性能,我刚才也为您展示过了,您也能发现,这款导航仪是同类产品中性价比最高的,不仅技术先进,价格也相对优惠很多。"

客户:"可是,我怎么觉得这导航仪后面的这部分摸起来这么薄呢,很容易破掉吧?"

销售员:"我们的导航仪的外壳采用某某型塑料制成,坚固耐用。这也是为了降低重量啊,这样也方便您的携带。"

客户:"好的,那给我拿一款吧。觉得还可以吧。"

销售员给这位客户拿了款新导航仪。但问题又来了。这位先生又说:"你给我的这款上面这个是什么啊,怎么看着这么旧,不会是人家退的货吧。"

此时,销售员已经不耐烦了,但他还是压制了情绪,因为他知道客户害怕被骗。他说:"这个您放心,这一款颜色较暗的导航仪并不是旧产品。最近几年,这种暗色调的导航仪一直很受欢迎呢。"

客户:"哦,原来是这样啊。那你给我装起来吧。"客户说完,销售员终于松了一口气。

的确,在销售过程中,不少销售员都遇到过这样的客户,他们警惕性很高,似乎总是有担心不完的问题,总是怀疑销售员会欺骗他们,对此,我们一定要保持镇定和耐心,就如同案例中的这位销售员一样,即使已经觉得不耐烦,也要调整心态，继续耐心回答客户的问题。

事实上，客户多疑的原因有很多，其中重要的一个原因就是曾经被销售员骗过，他们可能因为轻信了销售员的宣传而买到了质量存在问题的产品，也有可能价格上被坑了，所以他们对以后遇到的销售员都心存芥蒂，生怕再被骗。

其实担心被骗是每一位客户的共同心理，了解客户的购买心理和他们的情感，能让他们感受到被理解和认同，有助于我们销售工作的开展。那么，我们该如何说才能消除客户的这一心理呢？

1. 态度坦诚，语言诚实、中肯

真正的口才并不是一味地陈述，也并不是滔滔不绝地讲话，要知道，当我们与客户第一次接触的时候，客户都会怀着怀疑的态度，你越是表现自己，客户越是怀疑。如果你能做到诚恳交谈，注意说话方式，会让客户觉得你是一个值得信任的人。相反，如果销售员眉飞色舞、唾沫横飞，就会给客户留下一种华而不实的印象，进而会把这种感觉发散到你的产品上去。

2. 出示令人信服的证据

事实胜于雄辩。有时候，如果客户对你的话半信半疑，不如直接向客户出示一些实在的证据，如产品的销售业绩表、产品合格证等，证明你说的话是真实的，这样就可以令客户信服。

3. 大方地承认产品的缺陷和不足

在产品质量和性能上，销售员可以适当表示出对客户意见的认同，甚至可以主动地承认产品的一些小问题，当然这些问题一定要是无伤大雅的，不会影响到产品的使用。这样可以换得客户的信任。例如，"我们的产品质量是一流的，只是在款式上还不太时尚，这是我们需要改进的地方。"

因为任何产品都不可能十全十美，所以重点在于这些缺陷和不足会不会对客户造成困扰和影响，有些不足可以忽略，但有些则不可以。销售员在推销产品的时候，一定要诚实地跟客户说清楚，不然等到客户找上门追问的时候，就不好回答了。

另外，在销售行业，一个业绩突出的销售员并不一定完全靠口才，而是靠长期积累的人品与信誉。聪明的销售员做的都是回头客的生意，只有从客户的角度出发，真诚地为客户服务，客户才会感受到你的贴心，才愿意信任和接纳你。

总之，在销售工作中，销售员要将产品销售出去的前提是消除客户害怕被骗的心理，而要做到这一点，首先要求销售员做到诚实守信、实事求是地对待客户，这样与客户沟通起来才能更加顺畅，更能赢得客户的信赖。

不妨主动告诉客户产品的优缺点

在销售过程中，客户总是存在这样那样的疑虑，而这正是阻碍成交的最大障碍之一。这也是有原因的，有些销售员为了展现自己的产品尽善尽美，总是报喜不报忧，甚至把产品吹嘘得趋于完美，并刻意隐瞒产品或服务的缺陷：你销售的化妆品明明含有防腐剂，你却说是百分百草本成分；你负责销售的机器辐射很大，却说辐射是行业里最小的；交货日期明明最起码要一个月，你却说只要二十天……你这样说，并不会取得客户的信任，相反，客户迟早会发现你的"伎俩"，给后续销售造成障碍。而实际上，客户的一些疑虑我们完全是可以预防的，如主动暴露产品某些无关紧要的小缺点，或者主动提出客户的疑虑，把可能出现的问题"晾"出来，这样就等于给客户吃了一颗定心丸，从而对我们产生信任。

1．"亮"出产品的优点，让客户主动说"是"

小齐是一名供暖设备的销售员。一次，他要将一批供暖设备推销给某假日酒店，客户对他的产品很感兴趣，但到最后，却并没有如预料中那样顺利地成交。小齐知道问题出在了价格上，于是，他主动提出说："王总，我明白，可能您觉得我们的产品贵了些，这一点我也承认，但在刚才我给您演示产品的过程中您也看到了，我们的设备是一套节能环保设备，甚至可以变废为宝，这是其他任何供暖设备都不能做到的，而这也会为贵酒店带来很多可观的收益……"小齐说完后，对方连连点头，最后顺利签约。

上述销售案例中，销售员小齐之所以能成功说服客户购买，就在于他能在客户提出价格异议前，主动告诉客户产品"贵"的原因。这样，客户就会打消"购买产品会吃亏"的疑虑，自然会选择购买。

销售过程中，最具说服力的劝服技巧无非是让客户自己承认产品的优良、服务的到位等，让客户在拒绝之前先说"是"，就能有效将客户的拒绝遏制住。例如，你可以对客户说:"某某先生,您应该知道向来我们的产品都比 A 公司的产品价位低一些吧？"

当然,销售员让客户肯定某些销售情况时,必须要对该情况有十足的把握,不能让客户抓住把柄。

2."亮"出产品的不足,让客户感受到你的诚实

现实销售中,我们可能经常对一些销售前辈们的做法感到不解:为什么他们会主动向客户透露一些产品的缺点？这样做不等于赶走生意吗？其实,并不是如此,这些销售前辈们的做法是正确的。因为,任何一个客户都明白,没有产品是完美无缺的,如果我们一味地只提产品的优势,而掩盖产品的不足,反而会引起客户的多疑甚至反感。"不打自招"则会打消客户的疑虑。

所以,每一个销售员都应该明白:诚信是维持客户友好关系的根本,只有以诚实的态度和恳切的心情去与客户打交道,我们才能拥有更多客户,销售工作才能更好地进行下去。

3.巧妙地告诉客户真相

我们给客户吃定心丸,告诉客户某些产品的缺陷和不足,也是要讲究技巧的。告诉客户产品的真实情况,也并不是说,销售员要将所售产品的问题简单地罗列在客户面前。如果销售员冒冒失失地将产品的某些缺陷告诉客户,客户可能会因为接受不了这些缺陷而放弃购买。如果销售员掌握一定的技巧,不仅可以赢得客户的信赖,而且可以更有效地说服客户,使客户产生更加积极的反应。例如,你可以转移话题,告诉产品的其他方面的优点,许多时候,当你运用恰当的技巧诚恳地解释清

楚时，明理的客户不但不会产生抵触情绪，反倒会被销售的诚实可信打动。

总之，销售员必须明白，真正的销售技巧，就是要让客户长期地信任你。为此，销售员有时候不妨主动给客户吃颗定心丸，主动告诉客户某些产品的真实情况，才会获得客户的信任，防止客户顾虑过多。

第 05 章

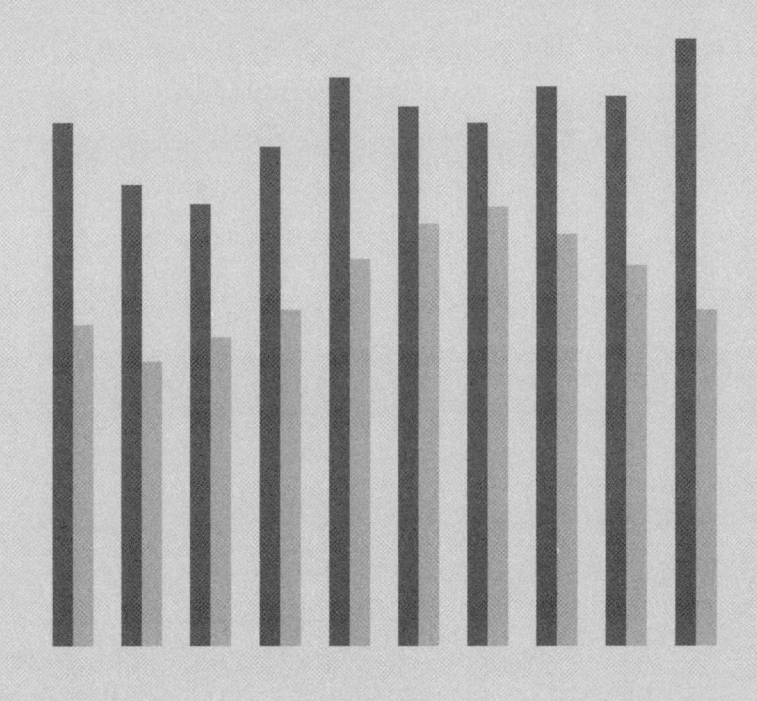

善于引导,让客户不知不觉认可你

主导谈话方向,不要被对方带偏题

我们都知道,在推销的过程中,要达到的主要目标就是引导客户购买,而这需要我们掌握一定的语言技巧。因此,在与客户交谈时,我们要能够控制整体局面,带动整个谈话的方向,这也是优秀销售员必备的素质。

1975年,著名推销高手、畅销书作家罗伯特·舒克通过电话与肯德基家乡鸡的创始人——哈南·桑德斯上校约定了一个会面时间,准备访问他,以作为撰写《完全承诺》一书的资料。当时,桑德斯已经85岁高龄了,他答应去路易维尔机场接舒克,然后两人一起到上校家畅谈。

飞机准时到达路易维尔机场,舒克走向机场正门,一眼就认出了大名鼎鼎的桑德斯上校,因为他早已在肯德基餐厅门口见过桑德斯的塑像。他热情地向上校打招呼,并伸出了手,但是上校却悲叹着说:"今天没办法接受你的访问了,我在冰上跌倒,脑袋撞个正着。"

"桑德斯先生,我真的很高兴看到你,"舒克完全无视桑德斯要取消访问的话,"我实在很抱歉,听到你受伤了。"

"今天早上,我在冰上滑倒,头上一大片淤青,"上校继续说,"我没办法通知你说我要取消这次访问。我也不想留你在机场干等,而我却没有出现。所以我在前去看医生的途中先到这里见你。"

"没有关系，上校，"舒克仍然忽略对方要取消访问的事实。他可没有忘记自己大老远跑过来的目的是什么，因此他要赶紧想办法达到自己的目的。

"哎哟，好大的一块淤青！"舒克看到上校的后脑勺上一块明显的肿块。"我们走吧，医生替你包扎好之后，我们就到你的地方去。"

他完全不给上校任何说话的机会，马上转向上校的司机："车子停在哪里？"

"就在那里。"

"我们走吧，"舒克边说边向车走去，"我们必须先送上校去看医生。"

上校和司机主动跟在舒克身后，一行三人便开车往诊所的方向驶去。在医生为上校的头部稍做处理后，舒克和上校就开始了他们的访问工作。最终，他们都度过了愉快的一天。

这里，原本由桑德斯掌控的整个谈话大局一下子转变为由罗伯特·舒克掌控，从而达成了谈话的目的。

的确，在销售过程中，意外事件简直是防不胜防的。但是千万不要泄气，不要灰心，牢记你的目的，一定要带动整个谈话的方向，一切言行从对方利益出发，提出方案后，立即行动、主动、积极地去扭转、控制整个谈话局面。

那么，销售员在销售过程中，该怎样套出客户的内心想法，并予以解决，从而把握整个谈话方向呢？

1.巧用心理暗示

现代心理学中，暗示法的运用是必须学习的内容，同样，我们也可以将其运用到销售中引导客户上，销售员在对客户的购买能力等情况进行一番了解后，不妨对客户进行心理暗示："夫人，您要是为您的孩子购买一架钢琴的话，周末的午后，您的家里飘荡起您孩子优美的钢琴声，不失为一种美啊！"

另外，销售员在对客户进行一番心理暗示后，不能急于让客户对购买产品表态，因为客户需要一些时间思考，让这一暗示真正地进入客户的头脑，渗透到思想深处，进入客户的潜意识。利用这些方法给客户一些暗示，客户的态度就会变得积极起来，等到进入推销过程中，客户虽对你的暗示仍有印象，但已不再认真留意了。当你稍后再试探客户的购买意愿时，他可能会再度想起那个暗示，而且会认为这是自己思考得来的。

2. 引出客户的真心话

很多销售员，自己在电话这头热情洋溢地陈述自己的产品，可是客户却以"考虑看看"为由挂断电话，虽然客户这样说，但销售员要明白，客户并不是真正要考虑，而是已经拒绝了你的推销。在这种情况下，销售员倘若认为客户目前还需要时间来考虑购买这一问题，日后再来听取佳音，就未免太过"死板"了。

即使客户先前一直表示赞同，但是面临重要关头却又退缩时，重提此事只会增加客户的厌恶。所以，必须改变一下方式，从另一个角度去引出客户真实的想法，如"我是很想买，但是缴费负担太重"，若能让客户说出真心话，就有希望进一步促成交易。

所以，销售员要懂得调适自己的心态，要有"被拒绝是当然的事"的心理准备，被拒绝对于销售员是再正常不过的事，不能害怕被拒绝，要坚强地面对客户的拒绝，引导客户说出真心话。

利益引导法，满足客户爱占便宜的心理

我们都知道，人们购买产品，在产品价值不变的情况下，都希望价格越低廉越好，或者得到的额外利益越多越好，这就是爱占便宜的心理。因此，如果我们能抓住客户的这一共有心理，那么，即使客户表示拒绝购买产品，我们也可以通过多制造一些诱惑条件，来引导客户，进而化解其拒绝，实现成交。

牛阳是一名大二的学生，这年寒假，他回老家后想利用假期的时间，做一些社会锻炼。于是，他在某超市当起了促销员。

这天下午，来了一位四十多岁的中年男人，想要买奶糖，问了问价格，觉得有点儿贵，于是对旁边的售货员牛阳说："能不能便宜一些啊，我要得不少呢！"

牛阳为难地说道："我们超市里的东西都是有定价的，总部定的价格就是不能改的，我也想给您便宜，但是便宜之后，我就要把差价补起来。您看这样行不？如果您能买二十斤以上的话，我就赠送给您一个可爱的新年兔。"

中年男人听了，说："你也不容易，我买东西，不能让你付钱啊，来吧，帮我秤上二十斤吧。"

这则案例中，促销员牛阳在面对客户要求降价的情况下，

向客户传达了自己的难处，表明商品价格自己并不能做主，并且，他还提出在客户购买一定数量的情况下可以赠送小礼物，这样，客户自然能理解销售员的苦衷，所以不再挑剔价格，最终一下子买上了二十斤的奶糖。可见，利用客户爱占便宜的心理进行心理暗示，能达到很好的引导效果。

的确，每个人都有贪小便宜的心理，很少人会拒绝免费的东西。可能我们经常会遇到这样的场景：假如一件外套卖80元，一条裤子卖80元。客户觉得价格贵了，但如果我们告诉客户：如果他能买一件外套和一条裤子，就可以花150元买走。这样客户就会想，如果单件买就会多花10块钱，如果组合买就能节省10元。这白白节省的10元对爱占便宜的客户来说具有很大的诱惑力，而对商家来说也并没有吃亏。这就是客户贪小便宜的心理在起作用，捆绑销售的策略给了他们一种心理错觉。

所以，如果我们能在销售中掌握客户的这一心理，与客户交谈，想方设法地给客户这种占便宜的感觉，从而引导客户，那么，成交的可能性将大大增加。

那么，如何才能让客户理解销售员，满足客户想占便宜的心理以达到双赢呢？总的来说，可以从以下两个方面进行引导。

1. 突出商品的优势

在销售中，很多客户会提出你的商品比别的商家贵。这种时候，我们可以将同类产品进行优势对比，突出自己在品质、性能、声誉、设计、服务等方面的优势。让客户知道

"贵有贵的理由"。人们常说"不怕不识货，就怕货比货"，在对比当中，客户一目了然，自然会选择物有所值的产品。

2. 适当采取措施满足客户爱占便宜的心理

每个人都有贪小便宜的心理，很少人会拒绝免费的东西。在很多情形下，客户想得到一点优惠，更多的不是功利上的考虑，而是占到"小便宜"后喜悦轻快的好心情。通常对待这种客户，可先给予小礼物，让对方满足这种心理，客户有了占便宜的感觉，就容易接受你的引导，进而愿意购买。

（1）提供价格优惠。我们会发现一个奇怪的现象，真正销路好的产品，往往不是那些价格昂贵的名牌，也不是那些价格低廉的产品，而是那些大搞优惠、特价的商品。其实，这就是商家利用了客户爱占便宜的心理。因为价格下调，优惠的产品都有一个原价，客户自然会把原价和现价进行对比，这样，他自己也会得出一个结论：优惠并不是天天有，我很走运。即使那些客户根本没有需要的产品，他也会冲着产品价格上的优惠，选择购买。并且，他们会在心里告诉自己：总有一天我会用得着它的。

（2）发挥赠品的作用。

在某科技产品卖场内，有一家小店的生意格外红火，不断吸引了前来购买计算机的客户。进店的客户一看到杂乱的店面，都准备扭头就走。可是，当他们看到货架上陈列的一些小家居用品之后，就停下了脚步。的确，那些从这家小店购买计算机的客户都满脸喜气，并拿着店主赠送的小礼物。而实际上，这家店主并不会主动送东西给客户，而是等着客户看中后提出要求时,店主才非常"慷慨"地满足客户的要求。在这种情况下,这些买计算机的客户反而觉得是自己占到了便宜。

总之,客户最关心的永远是利益问题,满足客户开出的条件,就能化解客户的拒绝,让客户产生及时购买的欲望,但销售员要注意:①注意自己的说话态度和表达方式,不要因为客户的预算不够而中伤客户,更不能伤害客户的自尊;②要耐得住性子。很多客户在最终购买前,总会有很多问题,当我们为客户逐一解决这些问题后,生意也就做成了,千万不能心急。

暗示性语言,让客户按照你的思路走

前面,我们已经提及心理暗示在销售中的重要性,暗示的主要作用是引导和影响客户的购买心理,进而使其愿意购买。的确,现实推销中,那些推销高手之所以有良好的销售业绩,往往就在于他们懂得揣摩客户的心理,懂得运用一些暗示方法。同样,在销售结尾,如果我们能巧妙运用心理暗示来引导客户,是能缩短销售进程,让客户迅速购买的。

小刘是一名生产设备销售员,他有个"老顽固型"客户,这位客户工厂里的机器已经陈旧得几乎无法再继续使用,但他就是不愿更换,任凭小刘苦口婆心地分析更新设备带来的利弊得失,他就是不为所动。无奈之下,小刘决定亲自去客户工厂看一看。

来到工厂后,小刘在客户经理的带领下,决定参观一下生产车间。看着那些陈旧、难看的机器，小刘突发奇想，对客户经理说："您知道隔壁工厂这月的生产量吗？"

客户经理："我知道，我也一直为这事纳闷儿呢。以前我们两家的生产量差不多，但最近他们不知道为什么，生产量突飞猛进。"

小刘："其实很简单，他们购买了我们公司新研发的某某型号生产设备，生产效率大大提高。实际上，不仅是他们一家工厂，全市大部分同行业的工厂都购买了我们的设备，我想您也不希望自己落后吧。"

客户经理很尴尬。之后，在同小刘的交谈中，他一度陷入沉思。最后，当小刘即将离开时，他主动提出想购买一套新的生产设备。

这则销售案例中，销售员小刘之所以能让顽固的客户最终决定购买新的生产设备，是由于他利用暗示的方法，让客户认识到如果自己不购买产品，将会落后于同行和竞争对手，迫使客户心理失衡。

当然，暗示的方法有很多种，我们可以进行如下总结。

1. 动作暗示

我们先来通过日常生活中的一个小小的细节，来说明适时促进成交的重要性。

当我们去菜市场买菜的时候，你问商贩蔬菜怎么卖，商贩会一边告诉你价钱，一边为你递上塑料袋，这时，即使你觉得商贩报出的价钱有点儿贵，但你还是会接上塑料袋开始挑选蔬菜。这是一种很奇怪的现象，似乎人们都无法拒绝。

其实，这些小商贩并没有多少销售理论知识，但却是"促进成交"的"高手"，其实，递塑料袋这个简单的动作本身，已经是在暗示你做出购买的决定，鼓励你下定决心购买。

2. 语言暗示

"这个礼品多显档次啊，您送给客户，客户一定会很高兴的。"

因为每个客户都希望自己购买的产品能够物有所值甚至是物超所值，所以，他们会对是否购买产品产生动摇，而如果你能这样说，就相当于从其他人的角度暗示客户，他的购买决定是明智的。另外，销售员还可以从另外两个方面帮助客户分析。

（1）应从长远的角度看。你要让客户明白，他的购买决策是很明智的投资行为，本身做出购买决策就属于投资，那既然是投资，就要把眼光放长远一点，而不能局限于现在。产品是否物有所值也不是购买的瞬间能感受到的，而应该在使用的过程中才能感受到。

（2）反问客户，让客户坚信自己是明智的。你可以这样反问客户：您是位眼光独到的人，您现在难道怀疑自己了？您的决定是明智的，您不信任我没有关系，您难道也不相信自己吗？还有许多许多促进成交的方法，在实际的促销过程中需要根据不同的客户，采用不同的促进成交策略。

（3）暗示客户如果不购买可能会造成某种利益上的损失。销售过程中，我们经常会遇到这样一些客户，他们似乎总是很冷静，但如果我们能从反面说服，暗示客户如果不购买产品可

能会造成某种损失,那么,客户是不会眼睁睁看着自己面临损失或者利益丧失而无动于衷的。为此,我们便可以这样刺激他们:

"这批是我们厂最后一批A型号经典设备,我们现在生产的所有设备都采用了新的工艺和技术,像这样经典的老设备可就是最后一批了,而且价格如此优惠,如果贵厂不加快行动,指不定哪个厂家就买去了。"

"酒吧和KTV是火灾安全隐患最严重的地方,而且这些地方还会经常发生打架斗殴等事件,必然会使贵公司遭到损失,所以我建议您了解一下我们这份保险业务。"

可见,只要我们能主动出击,巧用语言和动作暗示,掌握销售的主动权,客户一般都能接纳我们的引导,向我们敞开心扉,立即成交。

放大客户的痛苦,增强客户的购买欲

人们买东西,正是因为有心理的需求,销售就是要把人们的需求明显化,然后表达出来,说服客户相信你所提供的产品或服务是物超所值的,这样就起到了引导的作用,赢得了客户的心。

我们先来举一个例子:当我们走在沙漠的时候,如果水用完了,太阳非常毒辣,你的嗓子快要冒烟了,这个时候有人过来卖水,哪怕矿泉水是一千元一瓶,我们也会花钱买下。这个时候,那不仅是一瓶水,而是救命的东西,它的价值远远超过一千元。同样，在销售的过程中，仅仅让客户发现问题是不够的，还要告诉他如果这个问题不解决，会导致什么样的后果，导致多大的损失，而且必须得到客户的认同。要努力暗示客户，只有放大客户的痛苦，产品在客户眼里的价值才越高，就如同先将客户放在沙漠里，你再向他卖水一样，这样的矿泉水才会值钱。人们总是先消除痛苦，其次才是追求快乐。产品销售的好坏，完全取决于客户感觉到的痛苦程度。

如果销售业绩不佳，一定是因为销售员"好的没说好，坏的没说坏"，所以就不上不下，与客户的关系就不冷不热，最后业绩也做得不温不火。

李女士和丈夫小两口各办了一家企业。当卖保险的销售员小张去他们家拜访时，李女士接待了他。

李女士："您好！小张，我们一家人都很认可你这个人，你确实很优秀，不过我不得不告诉你，经过我们一家人的商量，还是决定不买保险了。"

小张："你能告诉我为什么不买吗？"

李女士："因为没必要啊。"

小张："怎么会没必要呢？"

李女士："你可能不知道，我以前是个购物狂，为此，花了很多钱。后来，我养成了一个习惯，在购买之前，当我觉得某个东西可买或可不买时，会问自己一个问题，问完之后，我就决定买与不买了。"

小张："关于保险的事，您是怎么问的呢？"

李女士："有一回，我去国际商城看到了一个名牌包，好几万一个啊！这是一款新上市的包，其实，我不是买不起，可是，我的包已经很多了。那天，当我准备付款时，我一路在问我自己，不买会损失惨重吗？我得出的结论是，不会。有别的东西代替吗？当然有。这次买保险，我同样这样问自己。小张，我问你，你让我买保险，如果我不买保险，难道会损失惨重吗？"

小张："谢谢您提醒我，李姐。这一点我知道，但是一旦遭遇意外，你的家人们就会万事艰难，需要很多东西，到那个时候你能够给他们的保障是什么？只有保险是唯一的以一换百的保障方法，没有任何代替品！"

最后，沿着这条思路，经过一番对话后，李女士终于在保险单上签下了自己和家人的名字。

案例中的小张抓住了客户这样的心理：掏钱购买产品会心痛，但只有两分痛。如果不买这件产品所造成的后果，则会有八分痛，那么客户一定会选择购买。在这样的心理暗示下，客户自然会选择购买。

接下来，我们再看看下面的现象。

家里的挂钟挂歪了，怎么看怎么别扭，即使够不着，也要垫个凳子上去把它扶正。其实，绝大多数人碰上这种情况，都会马上去把它扶正，而且是不用别人提醒的。同样的道理，在进行销售时，如果客户的现状是歪的，我们必须给他树立新的正确图像。否则，客户一旦习惯了歪的图像，他也会觉得自己现在挺正常的。

可见，要想让人主动做某件事，必须给他创造一定的需求。

销售员要完成销售工作,就是要为客户做这样的引导:要把新图像树立清楚,为客户描绘出一个美好的图像。那么人内心深处最根本的需求是什么呢?可以用一句话来概括:追求快乐,逃避痛苦。这是人的本性,所以对销售员来说,要为客户做的工作也只有一个:把好处说够,把痛苦说透。

其实,客户一旦开始追寻目标,就能给自己寻找理由,并且比销售员找到的还要多,客户如果能给自己找到理由,你的暗示也就成功一半了。

帮助客户把好处想够,把痛苦想透,他就会愿意和你成交。你帮助客户想好图像,实质上就是建立一种意愿,一旦一个人心中有图像了,他就会自主搜索,然后自己做出决定。

掏钱总是一件痛苦的事情,所以拒绝就成了一种本能。面对这种情况,我们该怎么办呢?很简单:将"不买某件东西的痛苦"塑造够,使之超过花钱的痛苦,这样,客户自然愿意接受你的引导,但这就要考验销售员的个人素养了。

实际上,销售的整个过程就是一个不断为客户建立心中图像的过程,这也是个心理暗示的过程,因为"追求快乐,逃避痛苦"是每个人购买产品的规律,所以我们在为客户建立新图像时,一定要"把好处说够,把痛苦说透",这样离成交就不远了。

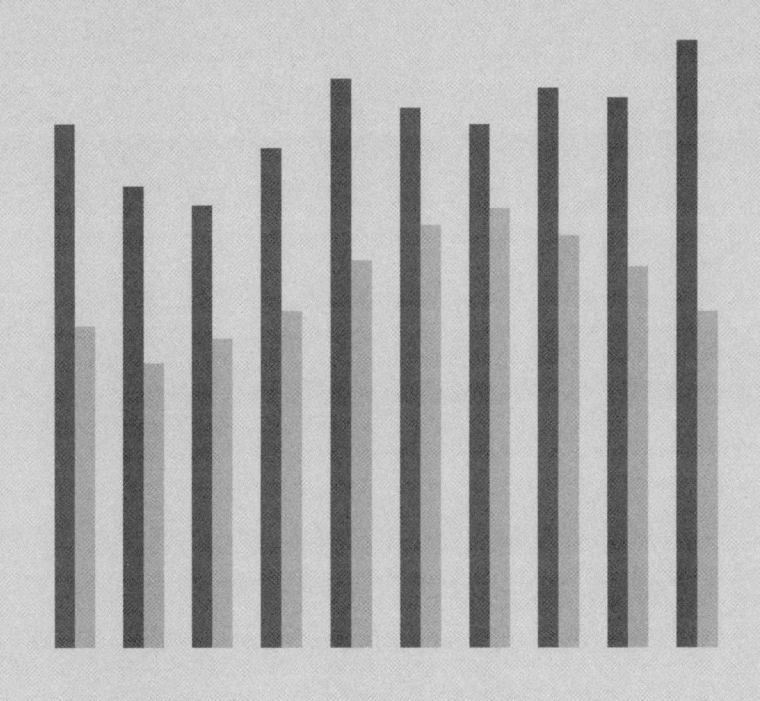

第 06 章

表达真诚,用诚意获得客户的信任

做产品介绍时提升话语的可信度

我们都知道，在销售过程中，推介产品是必不可少的环节。为了让客户购买，很多情况下，销售员需要展现产品的优点，然而，即便如此，我们说话也要注意分寸，不可过分夸赞，因为一旦你的承诺与客户所看到的实际效果差距很大，就会认为你在欺骗，进而对你的产品、对你的人品都会大打折扣。因此，销售员一定要记住，推介产品的话一定要靠谱。

秋燕是一家化妆品公司的销售员。一次，她去拜访一位公司的部门经理刘小姐，向她推销一款新上市的祛斑产品。

"刘经理，您好，我是秋雁，我前几天给您打过电话，向您介绍过祛斑产品。当时，您说过两天再说，今天正是两天后的那一天。所以，我想问您一下，您今天考虑好了吗？"

哪知对方仍旧说："没有，当时我只是说说而已。"

这时秋燕说："祛斑产品是越早使用越好，不然等年纪大了，祛斑难度就大了。我建议您不用考虑了。"

"不用，我现在收入不稳定，还没有足够的闲钱买你那一套昂贵的产品。"

秋燕又说："我们的产品虽然昂贵，但绝对保证您使用后，让您回到二十岁，而且，绝不会复发，无论是痘印还是雀斑！"

"哪有你说得那么神啊，我又不是小孩子，相信你这一套，算了，我还有事，你回吧！"

秋燕推销失败的原因在于她过分夸大产品的功用，让客户反感。每个销售员在推销产品的过程中，最重要的部分莫过于向客户介绍产品，正因为明白这一过程的重要性，很多销售员为了能让客户购买产品，什么方法都采用，甚至不惜夸张产品的功用和性能，将产品说得天花乱坠。有些客户便轻信了销售员的说辞，购买产品后却又发现，实际上产品并没有销售员吹嘘得那么好，于是，他们再也不会购买这个销售员的产品了。也有一些客户比较理智，他们对那些将产品说得天花乱坠的销售员心生反感，根本不予理睬，销售活动也因此终止。

那么，在向客户介绍产品的优势时，为了避免过分夸大产品，销售员需注意些什么呢？

1. 介绍产品要客观、中肯

万事万物皆有优缺点，人类制造的各种产品也是这样。博恩·崔西曾说过："道尽优点，也不如暴露一点点缺点，如此才更真实。"销售员在向客户推介产品的时候，在表述上要尽量客观，这样不但能突出产品的卖点，也能让客户更容易接受。

一个销售员说："前几天，相信大家都看了那一则新闻，有个'铲屎官'买了劣质的猫粮，结果猫咪吃了这劣质猫粮，几天都在呕吐，想想真是得不偿失。我们公司的猫粮都是经过国家相关部门审核的，在质量上绝对可以信任，虽然价格贵些，但它绝对安全，虽说多花些钱，但消费者购买了它，买的是放心。"

这位销售员在进行产品介绍的时候，采取的是对比的方式，但是毫无夸张的成分，他客观地向客户说明了自己销售的产品的优点，让客户觉得中肯、信任，这样客户会觉得这位销售员是诚实的人，客户也会容易接受。

2. 着重介绍产品的卖点和益处

客户购买产品，都是为了给自己带来某种好处和利益，要么是价格上的，要么是产品的性能上的，要么是售后服务上的。对此，销售员要根据客户的需求，着力介绍产品的卖点和能给客户带来的益处。例如，在与客户交谈中，下面这些句子会经常用到：

"这台空调是静音的，不会影响您的睡眠……"

"这辆汽车尽显您尊贵的身份和气质……"

"这件皮衣是我们店最新上架的，只有三件，您穿上它会更加时尚，引人注意，光彩夺目，也会让别人觉得你更有品位……"

"您放心，无论您的汽车在什么样的道路上行驶，这轮胎绝对会让您更加安全……"

3. 切忌无中生有，欺骗客户

客户既然选择买你的产品，一般情况下，都做了一定的功课，多少对你的产品的优点有所了解。如果你在推销产品时说大话，很有可能让客户对你不信任，更别说购买你的产品了。例如：

"只要您安装我们的安全座椅，你驾车时就一路平安了……"

"只要您喝了这个减肥茶，我保证您在十天内减掉二十斤……"

"我们这款纯中药制剂，能治愈各种疾病……"

以上这些销售表述，客户一听都知道销售员是在胡编乱造。此时，有的客户会选择与你争辩，有的甚至直接拒绝你的推销，而无论哪种情况，无异于将销售终止。所以，销售员在介绍产品时，前提一定是真实可靠，千万不能无中生有，失去信誉。

4. 介绍客户所需要的关键点

有些产品本身有很多益处，即使销售员将这些优点都一一陈述，客户也不一定会最终完成购买，因为客户根本不需要这些优点。因此，销售员在介绍产品前，最好对客户的需求有一定的了解，然后针对客户的需求介绍，这样才会打动客户，让客户产生购买欲望。

为此，销售员可以采取试探的办法，如你可以首先提出产品的众多"关键点"，如果客户提出反对意见，这说明此项优点不是客户所需要的"关键点"。而如果没有反对，则是默认，因为如果客户知道了这产品的优势正是他所需要的，就算产品存在缺点，客户还是可以接受的。

总之，销售员在向客户介绍产品的优点时，要从实际出发，切忌过分夸大产品的优点，这不仅是销售员的重要口才技巧，也是销售员的基本素养。

与客户说话，语气真诚平和最重要

有人说，销售是一场斗智斗勇的活动，自始至终，销售员都在与客户打心理战。销售员只有做到让客户愿意听我们说话，才有可能将产品推销出去，而我们都知道，客户都希望为自己推荐产品的销售员是个真诚、有责任心的人，因为即便是销售员自己，在购买产品的时候也希望能购买安全放心的产品。从这一点出发，销售员在与客户沟通的过程中，一定要尽量展现真诚，让客户有安全感，客户才会放心购买。

琳达是一家防盗锁公司的销售员。在公司，她的销售业绩一直很好，同事们经常向她请教经验，琳达就说："要真诚对待客户，对客户知冷知热，真正把客户当朋友。"琳达是这么说的，也是这么做的。

有一次，琳达听说，她曾经拜访的一个客户家遭窃了，是夜里被人撬了锁进去的，家里的首饰、现金都被人偷了，而且被翻得乱七八糟。琳达之前曾劝说他购买防盗锁，但是这位客户说没必要，琳达也就没有强求。

在得知这一消息后，琳达第一时间赶到了客户家中，一见面她就问道："人没事儿吧？"

然后又问："损失大不大？报警了吗？"

第三句是："都怪我不好，上次如果坚持让您买防盗锁，就不会出这档子事儿了。"

第四句话是："遇到这样的事，我很着急，也非常心痛，我会尽我所能为您提供帮助。"

虽然只是短短的几句话，但是客户非常感动，在接下来的几天里，琳达有时间就去看这位客户，还陪客户去报案。后来，这位客户主动找琳达，让琳达为他家安装防盗锁。

这一案例中的琳达是一位非常出色的销售员，面对客户遭窃这一情况，她第一时间赶到，而且急客户之所以急，表达了自己的同理心，让客户看到了她的责任心，进而愿意购买她的产品。

从这一销售案例中，我们应当有所启示，在销售过程中，展现强烈的真诚是让客户接纳和愿意听我们说话的前提，那么，我们该怎样向客户表露真诚？我们可以掌握以下几种策略：

1. 心理置换，多从客户的角度说话

人与人之间的情感要达到一种共鸣，就必须要做到倾听，然后认同，唯有认同，才能拉近人与人之间的距离，才能成功说服对方，达成目的。

销售中，销售员若表现出从对方的立场出发，认同客户的感受，就会站在双方共同的利益上，客观地审视双方面临的问题，然后和客户协商，达成交易。认同客户的异议，这是成功说服客户的开始。

2. 多提产品优点，让客户看到利益和实惠

这种方法的好处就是通过强调推销产品带给客户的利益和实惠，来化解对方在价格上提出的不同意见。

例如，如果销售员推销的是生产类用品，如生产机械，那么，在推销时，销售员就要着重介绍产品能耗低、生产效率高、维修费用低等这些优势，以此来打消客户对于产品价格贵的顾虑。因为以上这几个方面都是机械类客户在采购产品过程中需要考虑的重要因素，因此，从客户关心的要求开始推销，更容易打动客户。

3. 分析产品的优势所在

"我们一直都在报纸上刊登广告，我们还是比较满意目前

的这家报纸，不瞒你说，你们家的这个版面收费太高。"

"张经理，您是知道的，我们这个版面费是标准版费，同行业都是这个标准，而且我们报纸的发行量也是非常大的。您在其他几个小报上做广告，这些小报合起来的发行量还不如我们一份报纸，总费用却高多了，您说是吧？"

就像上述案例中那样，利用对比的方式，可以突出产品的优势。

4.真正关心客户的利益，让客户体谅你的用心

我们想让客户满意，进而让其购买，就不要为了推销而推销，而要真正用你的关心打动对方，并从这一点出发，充分挖掘客户的购买需求甚至是隐藏的需求，并努力降低客户需求中的成本耗费，从而最终使产品符合并超越客户期望。

为此，我们一定要站在客户的角度推销，并且，我们还要做到让客户对每一个细节都满意。只有让客户感受到我们发自内心的真诚，客户才会信任我们，进而提升对产品和服务的忠诚度。例如，我们可以这样告诉客户："我觉得这款贵的产品反倒不适合您，您没必要花那么多钱买它。"而当客户体会到你的用心后，也会更加信任你，并把周围的朋友介绍给你。

总之，客户都希望购买放心的产品，都希望购买产品的售后有保障，更欣赏那些有责任心的销售员。为此，我们可以说，向客户展现我们的真诚尤为重要。

用耐心和真诚服务每一位客户

任何一名销售员都知道，销售的最终目的是将产品推销出去，销售员始终要记住，卖出产品是最终目的，而目的的实现就要看客户的情绪。作为销售员，只有保持始终如一的良好态度，才能稳住客户。所谓耐心是销售员素质最好的表现，柏拉图说："耐心是一切聪明才智的基础。"在任何时候，保持足够的耐心总会给人们带来意想不到的好结果，在销售领域中，耐心的作用就更加重要。懂得在销售过程中始终保持耐心的销售员，也往往能获得更好的销售业绩。因为始终如一的耐心能够打动任何一位客户的心。所以，在销售过程中，面对客户的任何疑问，销售员都要耐心解答，只有让客户看到你真诚的态度，他们才会愿意购买。

客户："你们店里的灯光怎么这么暗呢，这些包包摆在这里都看不清楚。这款多少钱？"（指着一款女士皮包）

销售员："499元。这是我们今年推出的新款，这两天刚刚到货。"（微笑）

客户："499元？也太贵了。都没有折扣活动吗？和你们同档次的牌子有好几个都打折了。"

销售员："是的。如果是我也会觉得有点贵。不过话说回来，如果您每天挎着它，您绝对会觉得物超所值。这款皮包集合了今年最新时尚元素，款式新颖，面料也相当好。499元您绝对不会买贵。"

客户："这个面料是真皮的吗？怎么摸起来感觉怪怪的。不会是假的吧？"

销售员："您放心，这绝对是纯皮的。我们是专卖店，不可能用假的来欺骗客户，因为面料经过特殊处理，所以看起来和普通的皮革有点不一样，但正是因为这样，这种皮今年特别流行。"

客户："包包拉链颜色和包包的颜色反差这么大，好像有点不搭，看起来显得有点奇怪。"

销售员："这是设计师的点睛之笔，也正是为了凸显这款包包的与众不同，您来试一下就知道了。"

客户："好像是。你拿下来我挎着看看，不过不一定买。"

销售员："这款包包十分衬托您的气质。而且现代女性购买包包，主要是为了搭配衣服，您挎上这款包包，再配上您这身衣服，一定很显品位与气质。"

客户："嗯，是挺好的，我在某某品牌那里看中了一款，价格比你们便宜不少，也是今年的新款。但是感觉很普通。那就拿这款吧。如果包包有问题可以换吗？"

销售员："是的。这个您完全可以放心，您一周之内都是随时可以调换的。"

我们发现，情景中的客户可以说问题确实不少，对销售员来说，在这种情况下，面对"话痨"的客户，保持耐心是最为重要的。留住客户需要耐心，赢得客户需要技巧。即便客户话再多，但是销售员一旦能掌握对话中的主动权，就往往能获得销售的成功。

事实上，我们也发现，急功近利，行事冲动，是很多销售活动失败的重要原因。销售员一定要拿捏好销售中的各种分寸，要给客户足够的思考时间，因为客户在做出买不买、买多少、何时买等购买决策时，都不是一时冲动，他们需要权衡各种客观因素，如产品特征、购买能力等，同时还会受到主观因素的影响，如心情好坏等。因此，做出购买决策是一个极其复杂的过程，并不是一蹴而就的。在这个时候，销售员应该给客户足够的考虑时间，并耐心等待客户作出决定。

面对客户的推迟、拒绝，甚至刁难，销售员在与客户交谈时如果想做到不慌乱、不着急，就必须放弃内心的消极心理，因为这些消极心理会直接导致销售员烦躁不安，这对于实现销售没有任何益处，只会使其面临更多的问题。

在具体销售过程中，销售员应该如何展现自己的耐心呢？

1. 心态平和，不骄不躁

俗话说，欲速则不达。销售也是一样，有时候，你越想给客户留下一个好印象，越想客户尽快购买，内心越急躁，越是无法完美地表达自己的想法，但如果心态平和，把与自己交谈的客户当成自己的朋友，肯定会轻松很多。

2. 有恒心，能坚持

销售工作最需要的就是恒心和坚持，没有哪一次的销售工作一次就能成功，都需要不断坚持，在遭到客户的拒绝时，不要气馁，要给客户时间和机会来决定，然后利用自己的口才去打动他们。销售员在观察到客户有购买的意向时，应立即抓住时机，然后一步一步让客户作出成交决定。

3. 沉默是金，以静制动

俗话说，沉默是金。要知道，口若悬河并不是真正的口才。"只要功夫深，铁杵磨成针"，这个道理每个人都知道。销售员成功推销出去产品也不是一蹴而就的,凡事都会有被拒绝的可能。对于客户的任何问题,甚至是拒绝、刁难,销售员都应戒骄戒躁,以一种平和的心态去与客户沟通。

真诚关心每位客户,赢得客户信任

在现代产品营销中,随着消费品市场的扩大和客户对产品知识的了解,客户逐渐变得更加理性,但也有一些感性的客户,他们在购买产品的时候,更多考虑到的是感性因素。"动人心者,莫先乎情",与冷冰冰的销售言辞来相比,热情周到的关怀有时更容易打动这些感性的客户。因此,作为销售员,与其煞费苦心地劝说客户购买,倒不如用温情来打动客户。但要做到这一点,还需要销售员善于在推销工作中学会煽情。

珍妮是一名优秀的房地产销售员,很多客户购买了她所推销的房子后,仍然与她保持着密切的联系,有的甚至还成为她的朋友,并帮她介绍生意,她为什么能获得如此大的成功呢?

原来,珍妮在进行推销时,不只是单纯地向客户推销房子,而是"送温暖到家",真诚地帮助每一位客户,帮助他们解决生活中的麻烦。例如,她会经常给自己的客户打电话嘘寒问暖,定期到客户家中拜访,询问他们房子的居住状况。如果出现什么问题,她会及时帮助客户解决。此外,当她的客户乔迁新居后,她还会准备一份精美的礼物登门拜访，安排新住户加入当地的居民俱乐部，帮助他们融入全新的生活环境。珍妮的热情和细心，让她的客户们感动不已。于是，那些她服务过的客户，都会热心地把自己需要买房的亲戚朋友介绍给她。这样，珍妮的口碑越来越好，业绩也就不断攀升。

人们在需要他人帮助的时候是最容易感动的，这就是为什么珍妮选择雪中送炭。当这些客户感激涕零后，与销售员珍妮的关系也由单纯的业务关系上升到朋友关系，自然也就愿意帮助珍妮。可见，与人为善，营造温情的氛围是一种良好的推销技巧，还能帮助你打开客户的心灵。

我们都知道，销售过程中，最重要的是对客户的引导，那么，销售员该怎样运用温情引导情感型客户呢？

1. 不要急于谈生意

客户也是人，也会受情感的左右，尤其是那些感性的客户。所以，如果在接近客户之初不急于谈生意，而是先与客户寻找共同感兴趣的话题，这样，在不做生意只谈朋友的前提之下，就能和客户取得心灵的共通，博得相互之间的认同。"先做朋友，后做生意"，既然是客户的朋友了，对于客户，跟自己熟悉的朋友合作，自然要比跟陌生的人合作更加放心了。只要做成了朋友，那么你的单子自然很快就签下来了。

2. 理解客户的情感，说话时以情动人

销售员可以以朋友的心态来面对每一个客户，多站在客户角度想想，考虑一下客户的利益，倾听他们的想法。可能客户一次两次不能接受自己，只要我们是真诚的，也许第三次就能打动他了，真心付出总会有回报的。

3.真正关心你的客户

（1）千万不要撒谎，谎言是致命的。

（2）珍惜客户的时间。

（3）销售中，如果你对自己的产品介绍有误，就要大胆承认，否定只会让客户对你产生怀疑，影响信任度。

（4）多为客户考虑，不仅要满足客户表面要求，更要为客户提供深层次的想法和意见。

（5）永远不要否定你的客户。

（6）理解你的客户，他是繁忙的，他的工作压力来自各个方面，还有很多工作和生活中的烦恼。

（7）让你的客户感受到来自你的尊重，让他在同事或者上司面前有面子。

（8）如果你对客户的业务不熟悉，就不要不懂装懂，对于不懂的问题，不妨直接问他，他是喜欢与别人谈论他的业务的。

（9）保持热忱的态度，情绪不要激动，你要稳重并有做生意的样子。

4.关心客户身边的人

对于销售员来说，具有良好的亲和力是能够与客户融洽交谈的必然要素。想要在客户心中建立起亲切感，亲近客户的身边人是一个不错的方法。客户的亲戚、朋友，尤其是孩子，真的是你的好助手。在日常生活中，多研究儿童心理学，对你的推销大有帮助。

另外，我们一定要把话说得亲切、和蔼，这样才能使客户感到愉快，从而对销售员产生信任。热情的语言也决定了态度的热忱。

如何给客户推荐合适的商品

生活中，没有人永远是在扮演同一个角色，就拿销售员来说，可能在生意场上或者商场上我们是销售员，但在生活中同样也是客户，谁都希望买到称心如意的产品，谁都知道"只选对的，不选贵的"这个道理，我们的客户何尝不是这样想。如果我们为了短期的销售业绩，给客户推荐最贵的产品，诱导客户购买大大超出需求或用不着的产品，却不管产品是否符合客户的需求，最终只能被客户埋怨，甚至还会断了客源和财路。

所以，每一个销售员都应该清楚：对每一个客户都应该真诚建议，让客户信任你。只有推荐最适合客户的产品，才能令他们真正满意，才会让他们成为你的忠实客户。

客户："我觉得那套中式的圆形餐桌不错，我爱人应该比较喜欢……"

销售员："请问您家的装修风格是怎样的？其他家具呢，是以这种中式棕色为主吗？"

客户："主要是白色，我爱人说是北欧风，很清新。"

销售员："您看一下，我们这个区域主要是中式家具，搭配中式装修风格，而您家是北欧风，虽然中式家具更精美些，但是我还是建议您去那边专卖北欧家具的区域看看，北欧风更适合年轻人，而且价格也比刚才那套实惠很多。"

客户："你说得对，谢谢你的建议。"

情景中的销售员就是个优秀的销售员，虽说给客户推荐贵的家具所获利润更多，但是从客户角度考虑，他还是为客户推荐了适合客户的稍微便宜的家具，实在难能可贵。这样的销售员不愁生意不好，因为他能为客户着想，客户感受到切身利益被人关心后，自然会把销售员当成朋友，或许下次客户来购买产品的时候，就直接找这位销售员了。

那么在向客户推荐产品时，销售员具体应该如何做呢？

1. 提供真诚的建议

没有哪个销售员不愿意做有高利润的生意，于是，一遇到财大气粗的客户，很多销售员就把最贵、最好的产品都推荐给客户："当然是这种价格高的质量好了，一分价钱一分货嘛，价格贵，自然做工精细，技术含量高。这才是整个公司的拳头产品，那些价格便宜的还不是为了搭配这些质量上乘的产品卖的。"而真正优秀的销售员则会告诉客户如何选择适合自己的产品。要成为一名出色的销售员，首先要做一个有道德的人。

对于客户对自己的需求比较模糊且不准确时，销售员要站在客户的立场上提供真诚合适的建议。如果客户认为自己需要的某些产品或服务并不适合他们，而他们先前不看好的产品才真正可以满足其需求，这时销售员就应该根据客户实际需求在沟通中认真加以分析，然后提出最符合客户需求的建议。

2. 让客户有脸面

有时候，客户的购买能力有限，希望销售员可以给自己找一个台阶，从而可以在自己能够接受的范围内选择较好的产品，但有时候由于销售员的话语往往让客户骑虎难下，最终有可能放弃购买。

虽然大部分商品的价格与质量是成正比的，价格越高，质量越好，但也不乏物美价廉的商品。况且，每个客户心中都有自己预期的价位和商品：对于那些可以算是财务自由的客户，大多数情况下东西要买最好的，而对普通消费者来说，只要适合自己的就是最好的。

3. 重视客户的利益

销售虽说卖的是产品，但更是说服客户，不仅需要较好的语言技巧，更重要的是要掌握正确的原则：抓住客户的切身利益展开说服工作，即"站在别人的角度，说自己的话"。

每个人在与人沟通的时候，都会有自己的立场，如果与对方的立场相悖，就会形成沟通的对抗。聪明的销售员应该学会和客户站到同一个立场，并从客户的角度出发去思考问题。

一家高档礼服店来了两位女士，她们可能要参加一个比较重要的活动，所以要买两套高档的礼服。导购员立即将一套白色礼服取了下来，十分和气地把衣服递了过去。其中，试衣服的这位女客户有点儿胖，礼服穿上看着有点儿紧，连朋友都觉得不合适。可导购员却不断地说："真好看，很适合你的！"只见两位女客户看了看彼此，然后试衣服的这位女客户放下衣服就走了，什么都没说。

这个案例中，导购员最大的错误就是一心只想把衣服推销出去，而不顾及客户的需求，结果适得其反。

优秀的销售员总是会在第一时间考虑客户的要求，一旦你掌握了这种方法，你的工作就能够更顺利地进行，并且你做成的不只是一笔生意，还赢得了一名忠实的客户。忠实客户给你带来的利益是不可估量的。

第 07 章

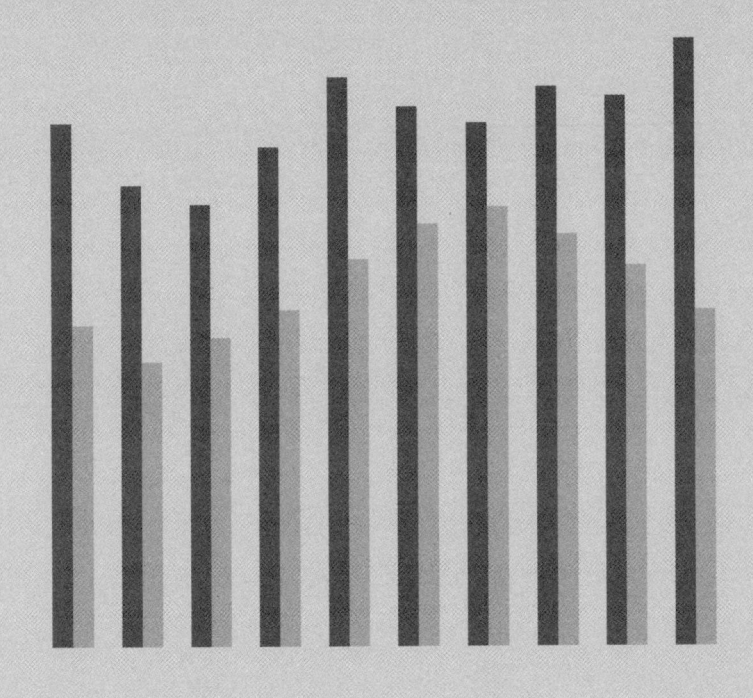

报价策略,在讨价还价中占据销售主导权

万能的报价话术,让客户不嫌贵

我们都知道,价格问题永远是销售活动中无法避免且最难解决的问题,这也让很多销售员伤透了脑筋。其实,如果我们能用点心理策略,在报价的时候注意方式,如采取分解价格的技巧或者由客户自己报价,那么,客户会很容易被我们引导,进而接受我们的报价。

我们先来看下面的案例:

某超市要进一批牛奶,进货员与牛奶工厂老板就牛奶价格进行交涉起来。

进货员:"你们厂的牛奶是什么价格?"

工厂老板:"是这样的,我们的牛奶每包算下来给您一个进价吧,两块二一包。我们调查了一下,这种牛奶的市场卖价可是三块,也就是说,一包牛奶,你们可以赚八毛,一两包是小事,可是积少成多,你们就赚大了。"

进货员:"你们产品的质量如何?隔壁厂的牛奶才两块呢。"

工厂老板:"不知道您注意到没有,我们的牛奶采用的保鲜技术以及在口感方面,在业内做得算是最好的,我们坚持用质量和品质来赢得客户。质量上您绝对可以放心。"

进货员:"好吧,我买下这批牛奶了。"

案例中,工厂老板的精明之处就是在报价的时候并不是采取整体报价——也就是不报出整批货的价格,而是将这批货的价格分解,这样,客户在心理上就会感觉到便宜。可见,委婉报价法是一种很好的技巧。而相反，假如他直接报出这批牛奶的价格，那么，势必是一个相对庞大的数字，对方可能就会因为价格问题而产生异议，阻碍成交。

可见，在销售过程中的报价问题上，销售员不可太过直接，有时候，换个方式报价，客户接受起来就会容易很多。

那么，具体来说，我们该怎样使用委婉报价这一技巧呢？

1. 先谈价值再报价

这种方式的运用需要我们把握好沟通的进程，要在客户提出价格问题以前就让客户对产品的价值产生认同感。随着销售员对产品价值的一次次强化后，客户感觉物有所值，报价也就不再是问题了。

2. 价格分解法报价

这种方法是将整个产品的价格以小单位来报价。例如，如果客户需要购买一台空调需要 5000 元，你可以这样告诉客户：你这台空调的使用年限是二十年，也就是一年才 250 元，一天才不到一元，非常划算。

3. 引导法报价

这种方法是利用一些先入为主的语言，迎合客户力求低价的心理，引导客户接受你的报价。例如，"您今天很幸运，我们做活动，比平时便宜……""价钱不贵……""最近比较便宜"等。此外，在报价时，声音要响亮、清晰，态度要坚决、干脆，让对方感觉这就是最低价。

4. 选择合适的报价时机

销售中，选择合适的报价时机是我们成功销售的一大要素，但关键在于如何能找到这个报价时机。大量销售员的经验表明，最佳的报价时机必须具备下列两个条件：

（1）客户对产品有充分的了解。其实每个客户都会对产品价格产生异议，这也是人们购买产品时普遍存在的心理。只有客户了解产品的具体情况，能够理性地看待产品价格了，这时候再报价效果会更好。

（2）客户对产品有急切购买欲望和热情。如果客户的购买欲望并不强烈，除非是价格很有吸引力，否则，销售员主动报价，客户也会不为所动。倘若价位对客户来说比较贵，那么，这个客户肯定会流失。

利用这些技巧，相信我们的销售工作一定能顺利地开展。要注意的是，无论生意大小，我们都要做长线生意，不能乱开价，也不能咬死不让，这样我们才能把产品卖出满意的价格，同时与客户保持良好的关系。

掌握报价技巧，助你轻松成单无压力

在销售中，打价格战是销售过程中一个必不可少的环节。销售员只要抓住客户的购物心理，充分运用语言的技巧，就能增加销售收入。正所谓，没有卖不出去的产品，只有卖不出去产品的销售员。

我们先来看看下面的案例：

客户问："这件羊毛衫多少钱？"

销售员："您觉得这件羊毛衫值多少呢？您要是喜欢的话，开个实心价，我给您带一件。"

客户说："我觉得也就值个一百块吧，您觉得呢？"

销售员:"您是识货的人,您看上的东西能便宜吗?说实话,两百,是纯羊毛的……"

这位销售员的精明之处就是让客户先开价,探清了客户的底线,让自己有足够的空间与客户商讨价钱问题。销售过程中,销售员必须掌握一些报价的技巧,才能在谈判中掌握主动权。

1. 掌握好谁先报价的问题

在与客户的沟通中,究竟谁先报价?是由销售员报价还是由客户报价?这个问题在销售实践中一直存在争议。

但是不管怎样,销售员首先应该注意到在报价先后的问题上存在利弊。其有利的方面是,先报价的影响大。如销售员先报价,实际上为谈判定下了范围,最终交易合同将会在此范围内达成。因此,先报价比后报价的影响要大,力度要大。其不利的方面是,如果客户对销售员的价格起点已有所了解,他们可以修改自己的报价即还价,获得可能本来得不到的好处。

在推销报价中,具体是销售员还是客户先报价,应该具体问题具体分析,要看具体的环境和双方的交易关系。如果销售员与客户谈判激烈,则不妨先报价,以争取主动。如果整个谈判过程在正常融洽的氛围中,则可见机行事。

另外,如果销售员和客户已经不是第一次合作,双方在业务上有多次往来,并且客户对该产品的价格和市场价都有相对的了解,对销售员也是信任的,那么,问题就简单得多。在这种情况下,谁先报价对双方来说都是可行的。因为在这种情况下,很多细节问题都不是第一次经历,也就不必逐一议定,需要洽谈的只是少数几个交易条件。总之,整个谈判进程就可大大加快,在较短的时间内就能顺利地完成交易。

2. 报出最高的可行价

报价时,从销售方来说,一般的报价是最高的可行价。从客户来说,一般的报价是最低的可行价。

销售员报价时应该是最高的可行价的原因是:第一,为客户还价留出余地,也就是说,销售员要给自己留出退路。第二,销售员一旦定价,客户只可能接受比这更低的价格,而不是更高的价格。所以,这个价格一经确定,就是一个最高的限度。第三,报价直接影响了客户对产品的印象和评价,即这个产品值不值这个"价"钱,所以,价格的"可行性"很重要。

但现实销售中,很多销售员认为,报价越高,可能赚的利润就越高,其实,这种想法是错误的。因为客户既然购买产品,不可能对产品一无所知,过高的报价会给客户一种被欺骗的感觉,这样,在价格谈判中,会使自己陷于被动,有失面子,丧失信誉,结果最终被迫做出让步。

报价时,采用"报价要高"的策略,还需要销售员做到让步要慢,和客户打好心理战。这样,一开始,销售员就能挫败客户"占便宜"的想法,此时,销售员就可以摸清客户的价格底线了,从而逐渐攻克客户的心理堡垒。

进入报价阶段,值得注意的是,报价时,销售员要观察客户的态度,对于客户不同的反应,要采取不同的措施。

如果客户在价格上很强硬,给销售员施加压力,销售员一定不要轻易让步,要树立信心,以高价压住客户。

如果客户所拟定的购买方并不仅是你一家,那么,也就意味着你的竞争对手比较多,这时,你要做的是努力维持谈判，并且把价格定到让客户满意为止。一般来说，此价格对客户产生吸引力的话，就离达成一致意见不远了。

另外，销售员报价还应注意，报价要明确，没有保留，毫不犹豫，提出报价时也不必去做说明。因为通常情况下，当你报价后，对方一般不会接受，或不会马上接受，必然要进行询问。如果你报价后立即说明，反而会使对方意识到，"啊！原来你们关心的是这些问题"。

不要在开始就报价过低，讨价还价确实是销售工作中司空见惯之事。有时，销售员提供的是优质服务和优质产品，不想用降价来取胜，面对着客户压价的要求，要以坚定的语气，心平气和地对客户说明不降价的理由。

有效报价，试探客户的底线

任何一位客户都知道一分价钱一分货的道理，但在现实销售中，当客户听到我们报出的实心价的时候，却总是觉得价格太贵，无法接受。其实，这是因为我们的报价和客户心里的底线有差距，甚至差距很大。为此，我们在报价时千万不可直接，而应该先摸清客户的价格底线，只有这样，才能降低甚至是消除客户的价格异议，最终实现成交。

有一个人讲了他一次讨价还价的经历：当我在印度尼西亚巴厘岛度假的时候，有一次去逛街，看上了一个木雕。

"多少钱？"我问。

"两万卢比。"

"八千！"我说。

"天哪！"小贩用手拍着前额，做出一副要晕倒的样子，然后看着我，"一万五。"

"八千。"我没有表情。

"天哪！"他在原地打了一个转，又转向旁边的摊子，对着那摊子举起手里的木雕喊："他出八千！天哪！"又对着我说："最低了，我卖你一万三，结个缘，明天你带朋友来，好不好？"

我笑着耸耸肩，转身走了。因为我口袋里只有九千，就算我出到九千，距离一万三，还是差太远。我才走出去四五步，他在后面大声喊："一万二，一万二啦！"

我继续走，走到别的摊子上看东西，他还在招手："你来！你来！我们是朋友，对不对？我算你一万，半卖半送！"

我继续走，走出了那摊贩聚集的地方。

突然一个小孩跑来，拉着我，我好奇地跟他走，原来是那摊贩派来的，把我拉回那家店。"好啦！我要休息了，就八千啦！"

现在，每次我看到桌子上摆的这个木雕，就想起那个小贩。我常想，我为什么能那么便宜地买到它？

因为我坚持了自己的底线。

我也想，他为什么会卖？想到这里，我又不是那么得意了，因为八千卢比一定也在他的底线之上，搞不好七千他也卖。

案例中的人因为坚持了自己的底线，用自己满意的价格买到了木雕，这给销售员一个启示，一定要摸清客户的底线。那么，对销售员来说，应该怎么摸清客户的底线呢？

销售员可以用编造老板意见的方法来抬高底价。例如，客户想花 100 元买一条牛仔裤，而你的要价是 150 元。你可以说："我们都觉得这个产品的价格还可以。125 元卖给您。"然而，如果他觉得 125 元也可以，你就把他的商谈底价提高到 125 元，现在与你的要求只差 25 元，而不是 50 元了。

销售员也可以通过提供一种质量较差的产品来判断他们的质量标准。"如果您只付 100 元，我给您看质量稍微差一点点的牛仔裤行吗？"用这种方法，你或许能让他们承认价格不是他们唯一的考虑，他们确实关心质量。

通过推荐质量更好的产品，也能确定他们愿意给出的最高价格。"我们这里还有做工更精细的牛仔裤，而且是今天刚到的新款，但是每条 170 元。"如果客户对你说的质量更好的牛仔裤感兴趣，你就知道他愿意花更多的钱。

有种办法可以解除客户的警惕，他会跟你说些真心话，要是他知道你在卖这种商品，他就不这么做了。你说："我喜欢跟您做买卖，但是这件不是我的，是替朋友代卖的，以后我们再合作吧。"你以这种方式解除了他的武装，接着你说："我很遗憾不能卖给您这条牛仔裤，但就咱们俩说，到底多少钱您会买？"他也许会说："我觉得 100 元是最低的价格，但我想 125 元也是可以的。"

总之，客户有一个期望价，也有一个拒绝价，商谈中销售员不知道客户的拒绝价是多少，因为销售员总是考虑他的期望价。如果运用这些技巧，销售员很可能就会摸清客户的拒绝价。

掌握还价策略，教你轻松守住价格

在现实的销售活动中，价格问题是销售员和客户无法避免的问题，而在讨价还价这一过程中，销售员一定要灵活应对，要掌握客户的心理，只要"不亏老本、不失市场、不丢客户"，所有问题都不是一成不变的。为此，销售员有必要掌握几种应对客户讨价还价的策略，另外，销售员一旦和客户达成协议，就要马上签订协议，不给对方一丝反悔和变卦的机会。

"十一"期间，某商场在进行空调促销活动，凡是购买该产品的客户，都能获得商场赠送的电饭煲。整个促销活动如火如荼地进行着。

但这时候，促销员小王面前站着一个老太太，她对小王说："我可不可以不要电饭煲，你们就便宜200元，行不？"

小王是新来的促销员，不知道该怎么办，只好对老太太说："不好意思啊，不能这样，你要不要看看便宜的空调？"

老太太一下子拉下脸来，走了。小王感到莫名其妙。

要想有效地规避客户的讨价还价，就需要销售员发挥自己的聪明才智，遇到不同的客户，给予不同的方法加以解决，这里就涉及到客户的分类，以及报价的方式、时间、地点的选择等一系列的问题。

一般来说，在价格问题上，客户会有以下四种异议，针对这四种异议，我们应有不同的应对策略。

1. 客户始终认为优惠不到位

这类客户一般对产品并不了解，他们一般在砍价的时候，是漫无目的、不着边际的。对于这类客户，销售员完全可以在报价的时候就报高一点,这样才会给自己留出足够的空间来应对客户的砍价。另外,让步的幅度一定不能过大,可以慢慢地让步,让客户感受到切实的优惠。

销售员在面对这类客户的时候,要做好与之打持久战的准备,因为这类客户一般不会轻易达成交易,他会在认为自己已经占够了便宜的情况下才会偃旗息鼓。可见,销售员一定不能大幅度地让步,因为人们都有这样一种心理,越是不容易得到的东西越是珍惜。如果销售员轻易让步,就会让客户觉得你仍然可以让步,甚至怀疑你刚开始报出的价格的真实性,这样,销售员就失去了在谈判中的主动地位,这无疑会助长客户砍价的"气焰"。但同时,销售员让步必须是循序渐进的,这样,会让客户有一种胜利的喜悦,客户一高兴,签订协议也就水到渠成了。

2. 礼品是次要的,只要降价

这类客户是实在型的,面对这样的客户,你不妨和他说:"按照一般原则和商场规定,我们这里是不允许这样的情况出现的,但您稍等一下,我帮您问一下经理,看能不能给您一个特例。"

这样,即使结果和客户想象的不一样,他也一样会感激你,因为你为他做了努力。很自然,他就会拿着礼品买下产品。

3. 产品存在瑕疵,应当降价

这类客户一般比较喜欢吹毛求疵,无论产品本身是否存在问题,他都会找出产品的问题,然后借机杀价。即使销售员做出让步,他还是不罢手,紧紧抓住产品的弱点,最大限度地杀价。对于这类客户,销售员不妨把自己的产品与同类产品作比较，或者采用其他方式淡化这种缺陷，让客户明白你的产品在同类产品中的优势，或者让客户忽略这点小瑕疵。

4.客户认为老客户应当享受优惠

这类客户是爱贪小便宜的，通常情况下，他们都会以自己是老客户，从而"倚老卖老"。这类客户这样做无非是出于两个目的，要么是真心想购买，但是希望通过这种方式获得价格优惠，要么根本不是诚心购买，只是为了探探价格虚实。

而作为销售员，你可以告诉他："我也想为您降低价格，可是这是商场的规定，不然对其他客户就不公平了，您说是吗？"另外，你可以借此机会，帮自己赢得到更多的客户："哦，这样啊，我们商场今天有个活动，同行的两人或三人一起购买的话，会享受到八折优惠……"诚心想买的客户会立即被这样的优惠"诱惑"，成为我们的客源之一。

了解客户心理，报价助你一臂之力

在销售中，一些销售员认为，只要客户答应购买，实现成交就近在咫尺了。然而，接下来进入的将是销售的谈判阶段，而真正的难题也往往出现在销售的谈判阶段。在这一阶段，销售员会和客户有许多正面交锋，客户会要求更低的价格和更多的服务，甚至在付款方式等方面都会提出苛刻条件。这时候，销售员自己的力量是非常单薄的，即使口才再好，也很难对种种挑剔、要求，以及有关技术或是服务方面的细节问题应对自如。所以，要想有效地控制整个谈判局势，以此实现成交，销售员还可以为自己找个帮手。

销售员:"您觉得这个价格贵吗?这可是我们这半年来开出的最低价格了。"

客户:"是很贵,这远远超出我的预算。另外,我觉得你的产品也不值这个价。"

销售员:"我看您可能对我们公司的产品不了解,我们采用的是最好的原材料,价格也是合理的。"

客户:"王婆卖瓜,自卖自夸,谁不说自己的产品好啊。"

这时,店里来了另外一个客户。

"这双鞋多少钱?"这位客户问。

销售员:"399元。"

"真不贵,上次我朋友在对面那家商场买了一模一样的,牌子也一样,那双鞋要499元,这样吧,你给我包一下,这双我要了。"

听到这位客户已经毫不犹豫地买下了那双鞋,刚开始和销售员在价格上没能达成统一意见的那位客户二话不说,也买下了。

这次销售之所以能成功,主要因素是另外一位客户的出现,这位客户的出现影响了犹豫客户的决策,从而起到了加快成交进程的作用,让客户消除了对价格的异议,完成了销售活动。这给了销售员一个启示,有时候不妨利用外界的力量,找个帮手为自己解决价格异议。

对于在价格谈判中我们要选择的帮手,你没有必要选择口才最好的,而是要选择最适合你且对目前的情况最有帮助的人。那么,如何才能找到一个好帮手呢?这需要你遵循以下原则。

1. 帮手必须能弥补自身的不足

每个人都有自己的不足，如性格缺陷，尤其对于销售员来说，这些不足很多时候就会阻碍销售活动的进行。此时，销售员不妨找个好帮手帮自己谈价格，这样就能弥补自己的不足。

例如，销售员性格比较急躁，容易发火，那么就可以找一个性格稳重、经验丰富的人作帮手；如果客户对产品的技术或研发方面存在异议，而销售员不能很好地解决，就可以找一个能提供技术支持的帮手；如果客户对产品质量不放心，而销售员又无法充分说服对方时，就可以找一个产品检验方面的负责人进行解说；等等。

2. 帮手必须能强化客户的购买信心

这就是为什么很多商家重金聘请权威人士的原因。因为权威人士的言论能给客户购买的信心，权威人士的一句话往往比销售员费尽口舌地游说更加有效。在心理学中，为了影响他人的心理，心理学家们也常使用这一方法。

当然，邀请到这样一位以第三方身份出现的权威人士并非易事，而且他们在整个谈判过程中也不会参与太多的谈判话题，但是他们的作用不能忽视。这些人的身份、地位和声誉等会让客户更加有信心，他们的意见能对交易产生积极的推动作用。所以，我们可以邀请一些社会上的权威人士参与谈判，如某方面的专家、某领域的知名人物等。

3. 有充分决策权的人也是好帮手

很多时候，在销售活动中，销售员并没有决策权，这无疑增加了谈判的难度。如果销售员没有充分的决策权，那么在谈判过程中，就需要这样一个有充分决策权的帮手，可以是上司或领导等有决策权的人。一方面，这些人的出现，会体现出对客户的重视和尊重，以及销售的诚意；另一方面，在谈判进行得如火如荼的时候，这些有充分决策权的人也能拍案决定，不至于让销售员陷入被动，也避免了销售员费时费力地向上级请示，有利于提高谈判的效率。

总之，我们在与客户讨价还价时选定一个好帮手，能起到有效影响客户心理、引导其接受既定价格的目的，当然接下来仍然需要你的努力。如果你与帮手在接下来的谈判中不得要领，也同样难以成功。所以在此之后，你还要确定一个明确的目标，以及你和帮手在谈判中各自的任务，这样分工明确、目的明确，才不至于在谈判过程中乱了阵脚，从而更容易赢得客户的信赖和赏识。

但是你一定不要忘记，自己才是这场谈判中的主角，千万不可因为有了帮手就想着自己可以退而求其次了，因为你永远比帮手更了解你对面的客户，整个谈判的局面始终都掌握在你手里。你应该始终把握谈判的主动权，充分调动帮手们的积极性，为实现共同目的而努力。

以退为进，争取更大的利益空间

销售过程中，免不了价格谈判的问题。对此，一位营销专家曾经说过这样一段话："人们常常都以为谈判是一条直线，其实它是一个圆。在这个圆上，当我们站在某一起点，而目标是另一点时，我们只知道往前走是实现目标的唯一途径，殊不知，只要转过身去，我们就会发现实现目标的又一途径。我们常常发现，从前一种途径到达目标不仅费时费力，而且随时有面临失败的危险；但是如果我们从转过身去的那个方向出发的话，目标实际上近在咫尺。人们经常在这个圆上做一些舍近求远、徒劳无功的事情，这实在是和自己过不去。"在销售过程中，只有懂得变通和"圆滑"处世，懂得"以进为退"，才不至于浪费了不少口舌却得不到客户的点头。

"以退为进"谈判法是一种迂回的进攻战术，尤其是在价格问题上，并不是真正的让步和妥协，而是指销售员使用让步客户的方式，最终达到推动销售工作的目的。"以退为进"不仅可以缓解销售可能造成的紧张局面，还能够让销售工作获得很大程度的进展，对销售员来说无疑是一种好的谈判法。

然而让步也需要掌握尺度，一些销售员为了获得销售成功，往往会过早地在商品价格上做出让步，或者一次做出大的让步，结果往往使销售工作陷入毫无退路的境地。让步也需要讲究方法，在销售时，销售员只有使用正确的方法，才能达到"以退为进"的目的，最终获得销售的成功。

小杨是一家电子公司的销售员。几天前，他曾拜访了一位客户，客户对他们公司的商品很感兴趣。这天，他第二次拜访这位客户，想敲定这项生意。在经过一番寒暄之后，双方谈到了价格问题：

小杨："您觉得还有什么问题吗？"

客户："我觉得你们的产品价格还是偏高，如果你能再降些价格，我们可能会认真考虑一下……"

小杨："那这样吧，每件电子配件我再降 40 元，这个价格已经很低了,不能再降了。"

客户:"这个价格还是不低啊,能再降一些吗?"

小杨:"等我来算一下……每件电子配件最多还能降10元,再降就不行了……"

客户:"不能再降了吗?"

小杨:"对,不能再降了。这已经最低了。"

客户:"我想价格还是能再降一些的吧……"

小杨:"说过不能再降了,我们的价格已经很低了!"

客户:"……那我们再考虑一下吧。"

在销售过程中,无疑会碰到讨价还价的事,销售员让步也不足为奇,适当地让步有助于缓和紧张的销售氛围,然而让步也需要讲究方法。如果销售员让步过早,或者每次的让步幅度过大,不能正确把握让步的尺度,不给自己的销售留退路,就很可能陷入两难的境地,从而给接下来的销售工作带来影响。针对案例中的情况,小杨可以这样来做:

客户:"你们的产品质量的确不错,不过我还是觉得贵了点。如果能再优惠一些我会考虑的。"

小杨:"这样,每件电子配件我们再降10元,这个价格已经很低了,不能再降了。"

客户:"这个价格也不低啊,能再降一些吗?"

小杨:"这样,我们电子配件单价的降价范围是不能超过20元的,说实话,对于那些合作多年的老客户,我们也始终没有超过这个范围。如果您真的想要我们公司的产品,我就给您个特惠价,每件电子配件我们给您降20元,就权当您是我们的老客户了。您看怎么样?"

客户："哦，那好。就这样吧。"

小杨的热情介绍与积极解说是进攻，接下来的让步是防守，销售工作需要先进再退，销售员只有在保证进攻的情况下采取让步，销售工作才能取得实质性的进展。

在销售过程中，销售员对客户让步并不意味着妥协，相反它是一种手段，更是一种快速取得销售成功的智慧。在销售中使用"以退为进"的方法，往往能够更快地到达成功的目的。

那么，在实际销售过程中，销售员应该如何对客户做出让步呢？在选择使用让步策略的时候，销售员可以借鉴以下方法：

1. 在有回报的情况下做出让步

在销售过程中，销售员在做出让步的时候，一定要考虑这一步能否带来效用，值不值得，是否能够从销售中得到回报。因为销售工作只有实现了买卖双方的共赢，才有可能建立起长期的买卖关系。

2. 为沟通留下余地

"以退为进"的前提是要"退"得有尺度。在与客户沟通的过程中，销售员一定要为自己留下充足的余地，不要为了销售而销售，一再让步或是第一次就做出大的让步。在价格问题上销售员让步过大，就有可能在接下来的沟通中让价格逼近底线，这样一来销售工作就很难再进一步展开，谈判陷入僵局，此前的所有沟通都可能前功尽弃。

3. 放眼长远，从大局出发

在销售工作中善于考虑大局，放眼长远，是一个优秀销售员需要具备的基本素质。只有在实现长远利益的基础上做出让步，销售员才有可能取得销售工作的最终成功。特别是对客户采取价格让步时，销售员更要结合长远利益，考虑让步的幅度和尺度是否有利于长远利益的实现。如果销售员只顾眼前利益，就有可能失去更多宝贵的销售机会。

因此，在对客户做出让步之前，销售员一定要考虑全局，如果让步影响了长远利益，销售员就要采取其他的途径加以解决，如果让步可行，再采取适当让步措施。

4. 了解客户底线

在销售过程中，销售员应尽可能多地收集客户信息，观察客户的一言一行并做分析，以此来了解客户的底线，尽量在客户可以接受的范围内进行谈判。因为如果销售员一旦突破了客户的销售底线，就很可能造成销售失败。

对销售员来说，也要尽量远离利益底线。如果客户提出的要求已经突破了你的利益底线，你就不应该再做让步。毕竟保住利益底线比获得销售成功更为重要。

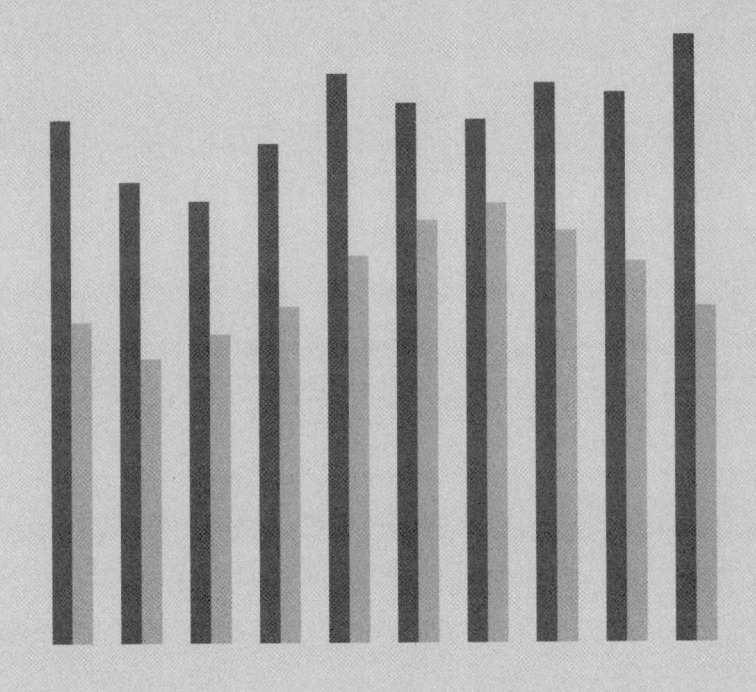

第 08 章

销售话术，掌握客户心理快速成交

让客户"怦然心动"的锦囊妙计

每一个从事销售的人都曾经有过被拒绝的经历,可以说,经验丰富的销售员就是在被拒绝的过程中不断积累经验,获得成长的。所以,也许一个刚刚开始从事销售的人被客户拒绝会觉得沮丧失望,但是一个已经有一定销售经验的销售员,却很少因为被拒绝而失落。销售工作,从本质上而言就是推销,既然是推销,那么客户当然有可能会拒绝。在这个世界上,大概没有哪个伟大而又自负的销售员,能够保证自己的每一次推销都百分之百获得成功吧。

这也正是销售工作的魅力所在,和普通的工作相比,销售工作更具有挑战性,也充满了未知。没有一个销售员知道自己接下来会面对怎样的客户,也不知道自己针对下一个客户的销售工作会以怎样的轨迹进行下去。因此,销售工作是这个世界上最具挑战性的工作之一,只有有勇气挑战自己的人,才会选择在销售工作中提升和完善自我。

现实之中,很多销售员因为被客户拒绝,就觉得和客户之间不可能再有交集,客户更不可能在自己手里成交,所以气愤之余他们甚至会对客户大骂一通,借此解气。殊不知,这是非常幼稚的行为,因为骂人并不能解决问题,而客户的一次拒绝也并不代表永远不会再购买和成交。因此,真正成熟且明智的销售员,会从客户的角度出发思考问题,多为客户着想,即便遭到拒绝,他们也依然会把客户当成朋友。实际上,从心理学的角度而言，销售员在被客户拒绝后，反而更容易获得客户的认可和尊重。这是因为客户在拒绝销售员之后，会对销售员有一定的愧疚心理，而且他们对于销售员也放松了戒备，反而能够更从容地对待销售员传递给他们的信息。这样一来，推销工作就会出现"有心栽花花不开，无心插柳柳成荫"的神奇转变。

而且，客户在拒绝销售员之后，通过观察被拒绝的销售员的后续表现，也会对销售员形成良好的印象，甚至在看到销售员的良好表现之后，更加认可销售员的人品。如此一来，客户会对销售员形成基本的信任，也因为此前已经对销售员和产品有了相当的了解，所以销售工作会在轻松的、彼此信任和了解的情况下进行，而此时推销工作往往会事半功倍，获得成功。明智的销售员既不会因为客户的拒绝而气愤地大骂客户，也不会因为客户的拒绝而结束销售工作，反而会更加潜移默化地影响客户的决策。

当然，客户拒绝销售员一定是有原因的。他们可能觉得产品价格太贵，自己负担不起。需要注意的是，这种情况下客户很少直接表明原因，而是找其他借口作为拒绝的理由，因而要求销售员一定要认真观察客户，深入了解客户，才能挖掘出客户拒绝的真正原因。他们对产品质量、售后服务心存疑虑，那么客户就要想办法打消他们的疑虑。此外，还有的客户特别有个性，他们自觉慧眼识人，因而会对接待他们的销售员感到不满意，也许是不喜欢销售员的形象，也许是不认可销售员的推销方式，也许是对销售员缺乏经验感到不耐烦。这种情况下，销售员要想扭转局势，就必须让客户重新认识他，并且也要努力给客户留下良好的印象。总而言之，销售工作并非简单的一买一卖那么简单，销售工作既是推销产品，也是推销销售员自身，购买者不但购买产品，更要首先认可销售员才会决定购买。面对购买者，销售员当然不能吹毛求疵，而是要因势利导，顺着客户的思路循循善诱，从而消除客户心中的困惑，打消客户心中的疑虑，最终使销售工作更加顺利，获得成功。

古人云："一日三省吾身。"作为一名销售员，我们也要经常进行自我反省，从而了解自己的长处和优点，发现自己的短处和缺点，最终把销售工作在自我提升和完善中做得更加尽善尽美，也为更多的人带去优质的产品和服务。

欲擒故纵，让客户追着你下单

常言道，女人心，海底针。其实，不仅女人的心是海底针，每个人的心都是海底针，都是难以捉摸的。对每一位销售员而言，最难的不是推销产品和推销自己，而是客户难以捉摸、飘忽不定的心。而要想推销成功，必须搞定客户的心，让客户信任自己，认可产品，才能最终达成交易。

很多销售员非常真诚地向客户介绍产品，但是客户还是表示怀疑，犹豫不定。其实，在销售策略中，正面说服客户的方法只适用于少部分容易信任他人的客户，对于大多数对销售员怀着戒备心理的客户，搞定客户，得到客户的信任，简直难上加难，这也使推销工作很难进展下去。那么，到底如何才能让客户从被动成交变为主动成交呢？只要掌握技巧，这也并非不能做到。很多经验丰富的销售员正是因为掌握技巧，才能创造良好的销售业绩。这个方法就是"欲擒故纵"。欲擒故纵,原本是三十六计中的一计,意思是先故意放开他人,使他人放松警惕,完全暴露,然后捉住他人。

在现代社会的销售工作中,假如销售员也能够灵活使用欲擒故纵的方法对待客户,那么促使客户成交就会变得相对轻松和容易。遗憾的是,总有很多销售员在销售过程中急功近利,恨不得马上就把客户的钱装入自己的口袋,导致客户产生戒备心理,也使得接下来的销售工作进展艰难。所谓"欲速则不达",说的正是这个道理。

其实,客户对于销售员的正面推销往往带着抵触心理,但是对于销售员不小心出现的错误,他们却马上暗暗窃喜,迫不及待想要趁着销售员出错的时候占便宜。在客户的这种心态下,如果销售员"恰到好处"地出错,给客户可乘之机,那么客户一定无法继续保持淡定和理性,反而会有些着急起来。

有个布店的老板一时兴起,进了一件非常昂贵的大衣。然而,这件衣服实在太贵了,普通人根本买不起,所以这件衣服挂在布店里三个月,虽然问的人很多,但还是没有卖出去。老板很发愁,因为这件衣服占用了他的流动资金,他甚至不再奢望指着这件衣服赚钱,而只是想把这件衣服变现。为此,在一天早晨吃完饭准备开张时,他对全店的伙计说:"谁能把貂毛大衣卖出去,就奖励谁半个月的薪水。"听到老板的话,大多数伙计都接连摇头:"老板,我们实在是能力有限啊,去哪里找那么有钱的买主呢!"突然,有个新来的伙计说:"老板,放心吧,三天之内,我肯定把大衣卖出去。"听到这话,其他人都觉得新来的伙计不知道天高地厚,要不就是彻底被奖金诱惑了。

次日，店里来了一个贵妇人，衣着打扮看起来非常贵气。贵妇人一进店，眼睛就盯着那件貂毛大衣。这时，新来的伙计问："这位太太，您是想看看这件大衣吗？您气质高贵，这件大衣特别配您。"听到伙计的恭维，贵妇人很高兴，便问大衣的价格是多少。新来的伙计挠了挠头，说："太太，我才来三天，是个打杂的，还不知道价格呢。不过，要是您能从我手里买走这件大衣，那我马上地位就提高了，一定会被老板提拔为大伙计。这样哈，您等一下，正好其他伙计都不在，大伙计在吃饭，我问一下大伙计。"说完，新来的伙计朝着正坐在远处厨房里吃饭的大伙计喊道："师傅，师傅，这件最贵的大衣最低多少钱能卖啊？"正吃饭的大伙计喊道："8000元！"大伙计声音很大，连贵妇人都听得清清楚楚，这时出人意料的事情发生了，只见新伙计说："太太，这件大衣6000元。真贵，是吧！也只有你们有钱的太太穿得起，普通人家的太太，连问都不敢问，摸都不敢摸呢！"贵妇人觉得难以置信，小声问："多少钱？"这时，新来的伙计说："对不起，太太，您能声音大些吗？我小时候发高烧好几天，后来耳朵就不太灵了。"这下子，贵妇人知道刚才大伙计为什么要喊那么大声音了。她暗自窃喜，赶紧掏出6000元，买下大衣就离开了。其实，她是害怕大伙计吃完饭出来，纠正这个错得离谱的价格。就这样，新来的伙计成功以6000元的高价，让贵妇人迫不及待地买下了大衣。

人总有赚便宜的心理，新来的伙计正是利用这一心理，成功把大衣卖给了贵妇人，贵妇人那么急不可待，甚至都没有讨价还价。不得不说，欲擒故纵的方法的确是效果显著，作为销售员，我们都应该深入研究这个方法，从而为自己的工作表现加分。

此外，很多公司还会采取饥饿营销的方式，造成产品供不应求的局面，其实也是利用欲擒故纵的方法。当然，对于小的经营者而言，饥饿营销的方式用起来总显得没有那么底气十足。不过，就算是一些小摊贩，也同样可以欲擒故纵。例如，有些摊贩会故意雇人在摊位上排起长队，营造供不应求的假象，这实际上就是为了让客户对他们的产品更感兴趣，也更愿意购买。当然，在使用这种方式营销时，摊贩其实还利用了人们的从众心理，不过他们很有可能是无意识用到了从众心理，所谓搂草打兔子———一举两得。

除了这些复杂的方法外，还可以故意刺激客户，或者给客户有限的思考和决定时间，从而让客户感到急迫。但是需要注意的是，凡事都要适度，否则就会导致物极必反。在使用欲擒故纵法与客户交流时，要注意采取恰到好处的语气，否则一旦伤害客户的自尊，激怒客户，营销工作必然失败。此外，使用欲擒故纵的方法促使客户成交，不管最终的结果是成功还是失败，销售员都要做到不动声色，不被客户觉察，否则就会失去客户的信任，可谓得不偿失，后果严重。当然，销售的过程处于不断的发展和变化之中，销售员必须机智灵活，随机应变，才能保证欲擒故纵法取得成功。

适当发力,快速促成犹豫的客户成交

如果客户自身是性格果决、处事果断的人,那么客户往往下决定比较好,犹豫权衡的时间相对较短。但是如果客户自身的性格就很磨磨蹭蹭,做事情拖泥带水,那么客户在做购买决策的时候,尤其是在购买昂贵商品时,往往会需要长时间不断地权衡、思考和比较。然而,客户购买的冲动期是很短暂的,有的时候如果购买行为拖延太久,客户甚至会放弃购买欲望,改变主意不再购买,这在销售行业里是很常见的现象。即一个客户刚刚看到一个商品时特别喜欢,但是却因为长时间的思考,对商品的兴趣渐渐减弱,到最后就根本不想购买了。因而作为销售员,虽然要尊重客户的意愿,给客户时间思考,但是看到客户过于犹豫不决时,经验丰富的销售员也会适当发力,从而促使客户尽快下定决心,实现购买行为。

在销售工作中,很多销售员都习惯于使用正面说服的方法劝说客户成交。对于疑心病重或者拖延成性的客户,这样的正面说服法效果很差。很多销售员会发现,正面说服的销售方法总是会导致事与愿违,使得交易无法达成。其实,如果能够在销售过程中适当使用激将法,或者激发起客户不服输的心理,或者刺激客户做出承诺,那么交易就能顺利达成。

作为一名汽车销售员,李坤虽然长得矮矮胖胖,从来不是公司里最养眼的那个销售员,但是销售业绩却很好。那么李坤到底是如何做到成功推销的呢?这一切都得益于李坤深谙客户心理,而且很擅长使用激将法。

周末,李坤接待了一对中年夫妇。他们看上去就是普通的工薪阶层，买车也完全是为了家用。为此，李坤为他们推荐了一款家庭轿车，性价比很高，价位适中。显而易见，这对夫妇很喜欢这辆车，但是他们却说还要考虑考虑。在谈话间，女士问李坤汽车的最低成交价是多少，李坤有些为难地告诉女士说："这款车原本就是促销车型，没有优惠。"女士显然有些不满意，她还是要求李坤帮她申请优惠，而丝毫不说何时购买的事情。这时，李坤突然说："是这样的，我们领导每天也很忙，而且不止我一个汽车销售员去找他申请价格优惠。如果我去申请了优惠您却不买，领导肯定又要批评我。我的意思是，等您确定要买了，我再去帮您申请一次。当然，我还是那句话，这款车型本来就是促销车型，您不要寄希望于优惠，只是个意思而已。"听到李坤的话，女士明显看起来有些愠怒。她说："我既然让你去问，肯定就是想买啊！"李坤说："如果我申请下来优惠，您今天就拍板买下来，那我现在就冒险再去申请一次。如果您今天不能确定买，我还是等您想好了再去申请。"女士不假思索地说："买！"

就这样，李坤巧妙地利用申请优惠的机会，促成了交易。其实，每款车型都有一定的优惠幅度，但是李坤却没有像其他销售员那样，一开始就心虚地用优惠来吸引客户的注意，而是等到快要成交时，再以激将法，利用优惠的机会促使客户成交。

很多销售员都始终牢记"客户就是一切"，因而对客户百依百顺，从来不敢忤逆客户的意思，把客户说的每一句话都奉若圣旨。殊不知，这样的销售员很难在销售过程中对客户起到引导作用，也就容易失去把握销售进展的主动权。要记住，比起客户而言，销售员是更权威和专业的人，虽然销售员要为客户服务，但是销售员更要利用自己的专业知识引导客户，帮助客户做出正确的选择和决断。从这个意义上而言，销售员还有一重身份，那就是"顾问"。所谓隔行如隔山，哪怕客户再精明，也不可能对各行各业都很精通。尤其是购买昂贵商品的情况下，他们更要依赖专业人士的指导和建议。可以说，如果销售员把自己"顾问"的身份扮演好，那么他们就能对销售工作得心应手。

当然，使用过激将法的人都知道，要想成功使用激将法，达到自己的目的，就要了解交谈对象的弱点。在销售工作中，也就要求销售员必须了解客户的心理弱点。此外，激将法并非用之四海而皆准，必须根据不同的客户灵活运用。如果有的人对激将法毫无反应，那么煞费苦心地用激将法就没有用处了。此外，客户毕竟是上帝，作为销售员，我们虽然是顾问，却也要掌握好语言的度，不能过于尖酸刻薄和无所顾忌，最终导致客户对我们心生反感。否则，我们的销售工作就会陷入僵局，严重的情况下，客户还会因此彻底否定我们，那么我们也就失去了一个客户。此外，运用激将法还要把握适当的时机。只有在销售工作进入关键点时，利用激将法才有好的结果，否则一旦激将法使用泛滥，必然使其效力大打折扣。

口碑营销，赢得消费者的口口相传

买与卖实际上是交易的对立面，所以销售员也难免会被客户列入防范的人员名单里。如何赢得客户的信任，对销售员开展推销工作以及促成交易，会起到至关重要的影响。很多时候，客户不会信任初次见面、缺乏了解的销售员，也就无法顺利达成交易。而销售员哪怕用三寸不烂之舌，说得特别精彩，也很难让客户信服。在这种情况下，销售员与其费劲地标榜自己，王婆卖瓜自卖自夸，不如帮助自己树立好口碑，从而让已经成交的客户在新客户面前说自己的好话，这样必然起到出乎意料的效果。简言之，一个销售员自夸一百句，也不如老客户夸赞他一句的效果更好。所以，很多销售员都有这种感觉，即老客户介绍来的新客户很好成交，这都是信任的功劳。

一个真正的销售员，一定要做到有口皆碑。一个成功的销售员，不但会以各种渠道拓展新客户，还会有稳定的老客户介绍的客户群，也就是通过老客户转介绍的渠道获得新客户。这样的客户，往往在没有见到销售员之前，就已经从亲戚朋友那里了解了销售员的情况，对销售员有了最基本的信任。比起与客户从陌生人开始相处，老客户转介绍的客户显然有了坚实的基础，更容易成交也是理所当然的。所以，明智的销售员具有服务意识，他们不但在客户成交之前竭诚为客户服务，即便在客户成交之后，也会非常用心地为客户做好售后工作，从而赢得客户的认可，也让客户更愿意把身边的潜在客户介绍给他。这可谓是一举数得，有利而无害的行为。

除此之外，老客户也许不会给销售员直接介绍客户，但是会口耳相传，夸赞这个销售员所代理的产品多么好，这个销售员又是多么敬业。这样一来，日久天长，这位销售员也会间接获益。也许有的销售员思想狭隘，觉得这都是在为公司做广告。殊不知，皮之不存，毛将焉附。每个销售员都要依托公司的发展，才能有自己的事业，才能获得成功，所以销售员也要有长远眼光，更要把公司当成自己的家来热爱。所谓水涨船高，当产品的口碑名扬四海，销售员的工作自然更容易展开。

作为一名成功的销售员，在为客户介绍产品时，一定要有品牌意识，更要有目的地为自己公司的品牌创立口碑。具体而言，销售员在推销产品时，可以向客户说一些关于产品的历史典故或者渊源故事，还可以使用具体的事例或者精确的数字，增强自己的说服力。越是说话精确到位，销售员越容易赢得客户的信任。有的时候，销售员还可以利用人们的权威心理，即用权威人士的话来说服大众，效果也会非常好。至于一些贵重物品，如金银珠宝和玉器等，因为普通人往往对这些奢侈品缺乏鉴别能力，所以出示权威机构提供的鉴定书等，也可以起到建立口碑的作用。需要注意的是，口碑的建立是艰难而又漫长的过程，因此销售员在向客户诉说产品口碑时，一定要避免失实和夸大其词的情况，否则就会导致功亏一篑。总而言之，企业要像爱惜眼睛一样爱惜品牌，销售员也要像爱惜眼睛一样爱惜口碑。

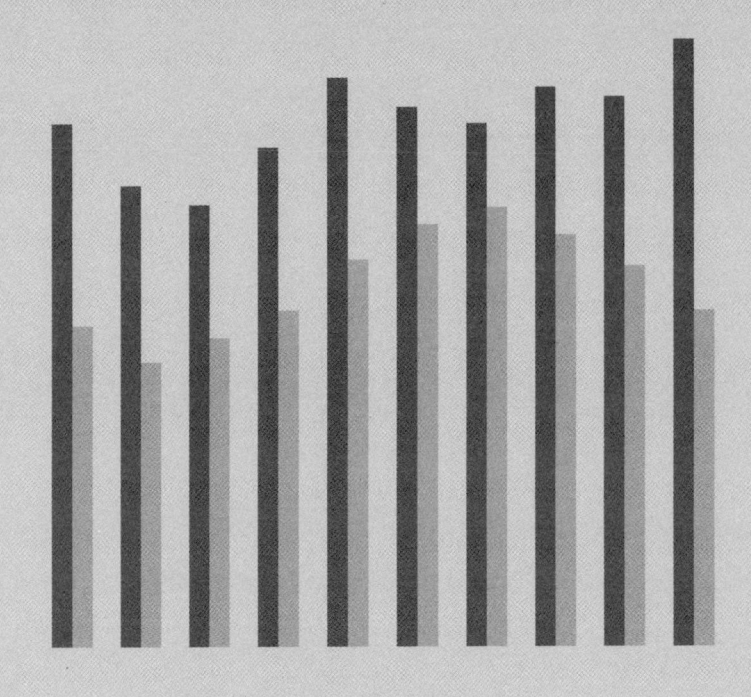

第09章

刺激心理，让客户快速产生购买欲望

制造"稀缺现象",刺激客户的购买欲

我们都知道,物以稀为贵,这是最简单不过的道理。人们总是会对那些稀缺或即将失去的产品产生兴趣,同时,这也是实际需求的表现。生活中,人们总是对那些即将消失的产品感到很急需,为此,很多商家会抓住这一商机,经常通过以下这些词语来表现商品的稀缺:"最后三天""只有两个库存""暂无商品,添加至期望清单""此商品还剩2天4小时3分17秒恢复原价"等,看到这些词语,人们更是增加了紧张感。所以,作为销售员,我们在激发客户购买欲望的时候,也可以通过制造出一种产品短缺的假象来说服客户,以此来加快客户购买的脚步。

某商场顾客云集,商场中心挂着"最后一天,全场五折"的标语,有位漂亮的太太来到商场,想买一个星期以前就看中的那条裙子,但即使五折对她来说还是很贵,售货员小姐看出了这位太太的心思,说:"太太,今天是降价最后一天了,而且您看上的这条裙子也是我们专柜的最后一件,如果您今天不买的话,以后价格还是会恢复的,那时候再买就不划算了。"这时,刚好过来另外一位太太,伸手去摸那条裙子的质地,那位漂亮的太太立马取下裙子说:"给我包起来。"

这位太太之所以买下了本来犹豫的裙子,就是因为她害怕失去仅此一件的商品,而售货员小姐也正是利用了客户的这一心理。这给销售员一个启示,抓住客户害怕失去的心态,有

时候就能促使客户迅速购买。

害怕失去是人们共同的心理，只要我们抓住这一点，然后为客户制造出他即将失去产品的假象，就能顺利引导客户进入我们设定的情境——再不购买就被抢购一空了，从而让客户立即购买。为此，我们可以从以下四个方面努力。

1. 表现商品的稀缺性

在美国的唐人街，华人众多，国内的腊肉自然是很畅销。这里开了一家腊味商店，出售的是纯手工制作的各种腊味，货真价实，风味独特，很受客户的欢迎。但这家店有一个规矩，就是每天限量，卖完之后就不再销售了。哪怕客户强烈要求做一些，也不做了。

当有客户问老板为什么时，老板回答："店里人手不够，若是做多了就保证不了质量。请您见谅。"

人都是这样，得不到的就是最好的，也就显得弥足珍贵。腊味店的老板其实也并不是限量保质，只不过是利用了客户的这一心理。

2. 告诉客户其他人正在购买

人们都有跟风或者模仿的心理，都不希望落后于他人，尤其是在一些他们不确定的事情上。因为这样，至少可以证明自己没有"做错"，这种心理现象被称为"社会证明"。生活中，人们看到周围的人在疯狂购买某种产品的时候，会在无意识中认为该产品有值得买的地方，于是，他们便会做出实际购买行动。

针对人们的这种心理，当客户犹豫时，销售员可以告知你的客户，其他人正在购买，产品即将稀缺，那么，客户很可能因为你的一句话而下定购买决心。

3. 为客户提供用户评论

用户评论会对人们的购买决策产生巨大的影响。通常被其他客户评论为"质量信得过，价格合理"的商品，客户也会争相购买，因为他们会害怕在自己犹豫的时候，商品就已经不翼而飞。

让你的客户在你的产品跟踪本上写评论，让他们对产品和服务进行总体评级，这些是你销售的质量证明。

4. 稍微缓和人们的担心情绪

适当地让客户紧张，但又要缓解客户的焦虑情绪，比如你可以说："您放心，就算是库存剩两件了，我还是会给您留一件的，谁让您这么信得过我们的产品呢？"这样，销售员不仅和客户建立了良好的关系，还卖出去了产品。

简单来说，为客户制造产品短缺假象这一心理技巧、激发客户的购买欲望时，既要让客户感觉随时会失去这件商品，又要让他们信任你并减轻他们的任何顾虑，这样，客户才能顺利地接受我们的引导。

对症下药，不同类型客户巧应对

销售过程中，那些业绩出色的优秀销售员并非具有天生的好运气，能够使自己遭遇更少的客户拒绝，事实上，他们遭受的客户拒绝并不比其他销售员少。可是，这些销售员为什么总是能够成功地化解客户的拒绝，并从客户的拒绝理由当中找到成功的机会呢？这是因为他们具有更加出色的信息分析能力、敏锐的体察能力以及灵活的反应能力，最重要的是他们能做到见机行事，寻找到最佳引导客户的沟通方式。

销售员：您好，严总，打扰了，我是 A 公司的小王，我们上次在贵公司见过面，还记得吗？

客户：记得，上次不是和你说清楚了吗？你们公司的产品有很多瑕疵，这样的产品我们不能用，你怎么还打来？

销售员：不好意思，又给您添麻烦了，上次的产品我们卖得很好，可能是您误解了。不过，这次我只是想给您提供一些能够帮助您节省 30% 的成本的一些资料，我们可以见一面吗？见一面不会做成生意，但确实能帮到你！

客户：还是上次你推销的那种设备吗？

销售员：不是，是另外一种，准确地说是我们公司的科技结晶，价值所在。

客户：哦，那具体是什么呢？

销售员：我一时也说不清楚，而且担心误导您，如果您有时间，我可以给您看些资料，您看怎样？

客户：行啊！

很明显，案例中的客户是属于严谨的一类人，而销售员采用帮客户节省成本的办法使得客户有继续听下去面谈的欲望。

在销售中，销售员要想激发客户的购买欲望，就要有机智的大脑，因为我们可能会遇到不同类型、不同性格的客户。如果不能正确了解各种类型客户的性格特点，就很难做到对症下药。所以，销售员在销售中研究客户的性格特点且找到具体的应对策略尤为重要。

下面介绍几种不同类型的客户及相应的应对方法。

1. 热情型客户

这类客户为人爽快，性格活泼，善于交际，面对销售员的推销，一般比较友好，也很热情，接受能力比较快，所以与这类客户建立感情比较容易。

一般来说，这类客户希望获得他人的肯定和赞赏，销售员可以从这方面着手，为此，你可以注意以下两个方面。

（1）赞扬对方。在交谈过程中，这类客户会时常提出自己的想法和建议，这时候，销售员不要与之争论，而要学会赞扬对方。

（2）热情型客户有求新、求异心理，在向他们推荐产品时，可以利用产品的新包装、新特点来吸引客户，也可以推荐那些新颖有特色的产品。

2. 挑剔型客户

大概每个客户都会或多或少地挑出产品的不足，尤其是那些对产品有一定了解的客户。而对于那些格外挑剔的客户，可能销售员还没准备推销，他们就开始挑剔了：要么产品质量，要么是产品价格，要么是产品性能等，这些总能成为他们挑剔的理由，他们总是希望得到最好、最完美的产品。

在同挑剔型的客户交流时，销售员应该注意以下问题。

（1）保持冷静，控制自己的不良情绪，平静地对待挑剔客户的种种责难。一般情况下，这类客户是有购买意向的，只是喜欢挑毛病，此时我们唯一需要做的就是顺着他，绝对不能与客户针锋相对，你可以先认同，再婉转地提出不同意见。例如，你可以运用这样的句式："您说得有道理，但是……"通常情况下，这一方法非常有效。

（2）主动为客户找到购买的理由。这类客户在挑剔的过程中，总是有这样那样的异议，但主要的异议是什么，还需要销售员做到具体问题具体分析。找到客户异议背后的真实心理，是消除异议的关键，而在洞悉客户心理以后，就要销售员根据具体情况，主动为客户寻找购买的理由，让客户拿定主意购买。

3. 专业型客户

很多客户在有些领域涉足很深，有时候比销售员更加专业，懂得更多。很多销售员被这些客户一问就哑口无言了，例如，他们总是会问"这种产品的技术缺陷解决了没有啊？""据我所知，利用这种机电所生产的产品都会存在一些问题。"这就是专业型客户。这些问题，很多销售员都回答不上来。

面对专业型客户具有挑战性的提问，我们应该认真地审视自身的能力和技巧。一般情况下，一个优秀的销售员最希望遇到的就是比较在行的客户，因为在介绍产品时，可以不必费时费力地向对方解释。但如果销售员自身能力不足，不仅不能获得客户的认可，甚至还会影响企业或公司的形象。所以销售员应该注意以下两点。

（1）在做销售工作时，一定要注意加强自身的专业素质，要对自己销售的产品有很深的了解和认识，这样才足以面对那些提问专业的客户们。

（2）赞美客户的专业性，并一一解答其问题，千万不能回避。对于一些局限性的问题要实事求是地加以说明。

总之，销售中，我们只有找出对方的性格特点，对症下药、看人下菜，才能有的放矢进行引导，加快销售进程，达到销售目的。

请善待提反对意见的客户

销售员在与客户谈判的过程中产生异议，这是很常见的一种现象，正如有人说的"嫌贵才是买货人"，对产品或者价格有异议的才是你的准客户。但在销售前，我们要事先揣测客户可能产生的异议，以及产生这种异议的原因。这样在整个谈判过程中，我们才能有意识地消除这些异议。

某超市里，某客户拿起货架上的一瓶饮料，对站在旁边的销售员说："你们超市的东西为什么比别家的贵呢？"

销售员："怎么可能？这是我们超市价格最便宜的饮料了！"销售员有点儿不高兴。

客户："可是，你们这里的芒果汁就是比其他超市贵一块钱呢！"

销售员："哦，你是说某某牌的吧，那个品牌的芒果汁质量不好，我们超市现在都不卖了。其实，吃的东西一定要注意品质，一般有品位的有钱人都买这个品牌，您说的那种他们从来不买。"销售员指了指货柜上的某个品牌的饮料。

客户："还有没有其他的牌子？"

销售员："有啊，但都是中下等的，你要不要看看？"

客户："算了，我不要了。"

"嫌贵才是买货人"，这是销售界的一条至理名言。客户在购买产品的时候，都会有意无意地觉得产品贵，这是常理，而案例中这个销售员的做法明显是不正确的,他这样说,明显会让客户感觉到产品便宜肯定是次等货,只有没钱的人才会购买这种产品,客户一听,自然会感到不舒服,更不会买你的产品。当遇到这种情况时,如果销售员从另外一种角度介绍,让客户感觉这类产品虽然有缺陷,但却是最适合的。而对于那些贵的产品,销售员应说虽然这牌子价格有点贵,但品质有保障,而且味道非常好。假如客户还是不接受,就给他推荐相对物美价廉的产品。

事实上,十全十美的产品是不存在的,在价格和质量上一般都会存在一些冲突,而如何将这种冲突降到最低,就体现了销售员的嘴上功夫。当然,客户产生异议,往往有很多原因,针对客户的这些借口,很多销售员往往束手无策,最终也只能知难而退,放弃推销。其实,是否能用正确的技巧回应客户的异议,正体现了一个销售员的水平。常见的异议有以下两种,我们可以根据不同的情景,用不同的方式回应我们的客户。

1. 客户总是说你的产品不如竞争对手

这正是案例中的情况,的确,面对这种情况,尤其是刚从事销售行业的新手,会觉得很棘手,有些销售员甚至知难而退,放弃说服工作。其实,大可不必这样,销售员应该向客户核实事实,然后采取相应的对策消除这一误会,你可以这样回应:

"是吗?能从朋友那里购买,肯定是信得过的产品,你们一定关系很不错吧!"(稍微停顿一下)

对于这样的回答,可能有些善于辩论的客户会从容应对,但一般客户会这样说:"哦!大概是这样子的吧!好多年了!"

或说:"叫我怎么说呢?"或说:"你管太多了!我的朋友与你有什么关系啊!"

这样,我们就能看出对方只不过是在说拒绝的托词。此刻,你可以说:"这个请您做参考好吗?"一边拿出产品说明书、图样来给他看,一边操作示范机器;同时劝导客户买下来,但客户如果一点儿也没有改变心意时,销售员必须想办法游说,或做个长期计划,先慢慢成为客户的朋友,再逐步进行推销事宜。

2. 客户对目前的供应商很满意

当客户说"目前我们的供应商的工作就已经很好了"的时候,可能有些销售员会认为这种销售瓶颈根本无法突破,事实上并不是这样。虽然客户对目前的供应商已经很满意,但这并不代表供应商的产品和服务是最好的。此时,如果你能让客户继续说下去的话,其实也很容易找到突破口。你可以给客户先派送样品或尝试性的订单,向客户展示能证明你的产品价值的东西。

任何问题的出现都是有理由的,客户拒绝销售员也是一样。而客户满意现在的供应商说明一个问题:此供应商的产品质量和服务态度都让客户满意,这就是为什么客户与供应商合作这么长时间的原因,而这也是客户为什么拒绝销售员的原因。找出这一问题,销售员也就能逐步解决这一难题了。

销售员在了解了这些原因之后就应该采取以下步骤。

第一步,取得资料,了解客户现在的供应商。

第二步,激将劝导。例如:"董事长,身为一名企业家,您应该积极寻找能给公司带来最高利益的方法。"

第三步,专业性的建议。例如:"周经理,现代社会,竞争激烈,最好的性价比是在比较中产生的。就如供应商,当我们对供应商很满意的时候,我们还是需要另外一家供应商当作参考,以确保自己真正得到最好的价格、最好的商品与价值。"

第四步,询问客户选择的原因。例如:"您用什么标准来衡量您的供应商呢?"

客户购买产品,都是希望产品能给自己带来利益,因此,只要销售员懂得在这个方面多下功夫,客户一般都会心动。

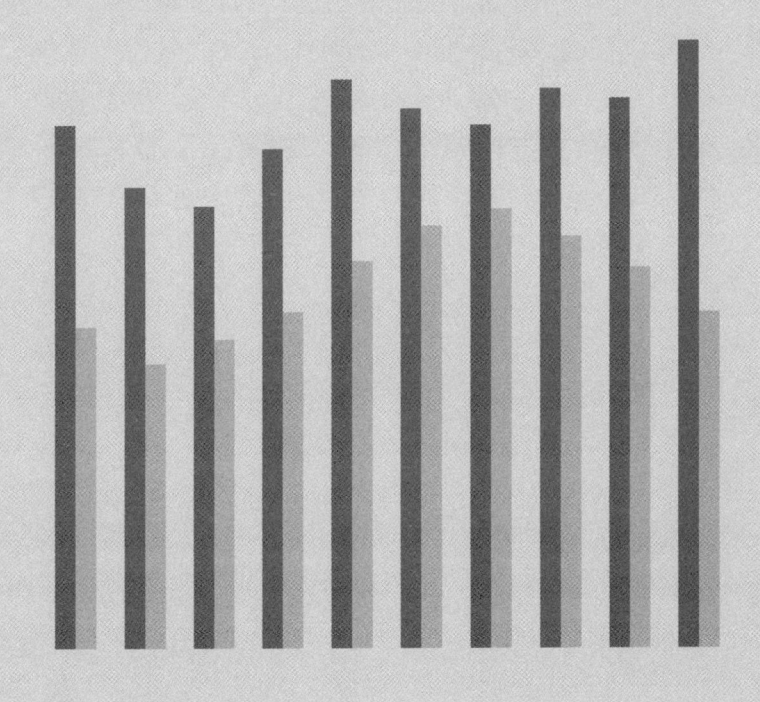

第 10 章

能说会道,一开口就牢牢吸引住客户

让声音更具感染力,瞬间吸引客户

作为销售员,我们都深知一个道理:销售是靠嘴吃饭的,一个销售员的口才如何,直接关系到他的销售业绩和生存状况,而判断我们在销售中口才的标准就是能否对客户产生积极的效应。一些销售员有这样的疑问,无论我怎么努力劝说,但客户似乎并不感兴趣,这是为什么呢?其实,问题很可能出现在你的声音上,一个销售员与客户沟通和销售产品的时候,客户了解你最直接的载体就是你的声音,如果你的声音有感染力,将对与客户沟通产生有利的影响。

古希腊哲学家苏格拉底说:"请开口说话,我才能看清你。"人的声音是个性的表达,声音来自人体内在,是一种内在的剖白,因此,你的声音中可能会透露出畏惧、犹豫和缺乏自信,也可以透露出喜悦、果断和热情。我们说话的声音,也应该像音乐一样,只有渗进人们心中,才能达到说服别人的目的。

1. 把握好语速、音量以及停顿,让你的语调抑扬顿挫

一个人仅凭声音便可以感染他人,甚至可以控制对方的情绪。销售员如果也能让自己的声音更有感染力,那么,你的销售业绩一定也能百尺竿头。

在增强声音感染力方面有一个很重要的因素,就是讲话的语速。如果销售员说话语速太快的话,客户不容易听清楚你

要表达的内容，而且太快的语速还会给客户一种紧张感和压力感。可是，如果语速太慢的话，会给客户以啰唆、拖沓的感觉。而且语速太快或者太慢都不容易激发客户参与到说话当中的积极性，这样将不利于销售员与客户之间的沟通。

音量的高低能够反映一名销售员的素养。音量太小，则显得你信心不足，说服力不强。而说话自信，并不是要我们趾高气扬，因为音量过高容易给人一种缺少涵养的感觉，会造成太大的压迫感，使人反感。

为此，在说话前，你需要先把你想说的要点想清楚，整理好自己的思路，并调整好自己的说话语速、语调和音量，进而在谈话中使客户感到愉快。

2. 让对方感觉到你的热情

在与客户交流时，如果你语言死板，不苟言笑，客户是不会买你的账的。也就是说，你没有热情，他们也会失去热情。为此，你需要时时提醒自己要保持热情，不仅是对客户的热情，更重要的是对销售工作、对于生活和生命的热情。因为热情是这个世界上最有价值的，也是最具有感染力的一种情感。

当然，太热情了也不好，因为凡事都应有个度。人是有差别的，有的人喜欢跟热情的人交流，有的人却不喜欢跟太热情的人打交道，这是跟人的性格有关的。

3. 自信、愉快的笑声

身体语言中最重要的就是微笑。作为销售员，如果你是一个内向、冷漠的人，不妨经常抽出一些时间来对着镜子笑一笑，早上起床时也可以对着镜子笑一笑，逐渐让自己的面部表情丰富一些。

所以说，成功的销售员离不开富有感染力的声音，如果你能做到以上几点，就很可能打动你的客户！

说得多不如说得切合时机

每个销售员都希望自己能拥有好口才，但好口才有一个重要原则，那就是说出对客户胃口的话，包括什么时候开口，什么时候闭口，开口该说什么，不该说什么等。可见，口才重要的不在于说"多少"，而在于是否说得"巧"。那些精明的销售员最大的特点就在于善于察言观色，并懂得见缝插针，找准时机说出让客户乐于接受的话。

1. 察言观色，找准时机

陈丽是一名刚毕业的市场营销专业的大学生，在不到半年的工作中，她已经积累了不少销售经验。她所在的是一家化妆品公司。

有一次，店内来了一位中年女士。客户进店后，陈丽并没有跟在对方后面不停地介绍，而是把主动权交给了客户，自己站在一旁观看。后来，客户对柜台上的某件产品很感兴趣，终于停下了脚步，拿着一套化妆品翻来覆去地看。陈丽非常高兴，觉得眼前这位女士一定是个准客户。但她还是不动声色，在一旁观看客户的脸色和神情。

果然，过了几秒后，客户抬起头，好像要寻求销售员的帮助。此时,陈丽才走过去,为客户介绍化妆品的优势和特点。

"这个产品我用过,很不错,帮我包起来吧。"这是这位女士的结论。最终,她买下了这套化妆品。

事后,同事问陈丽:"店里来了客人,我看你也并不热心,怎么就这么轻松地搞定客户了呢?"

"一般来说,这个年纪的女士,对化妆品都很了解。我不必喋喋不休地介绍,那样反倒招致客户的反感,你们也听到了,她说她用过那款产品。另外,我站在一旁,并不是不关心客户,而是在观察,客户由低头审视产品到抬头,说明她已经产生了心理变化,她在寻求帮助,我这时候再开口,不是恰逢时机吗?"听完陈丽的这番陈述,同事们个个佩服得五体投地。

我们发现,案例中的化妆品销售员陈丽是个聪明的人,她并没有花费过多的精力,就轻松地搞定了客户,这是因为她懂得观察和见缝插针,在关键时刻才站出来为客户解说产品。而相反,一些销售员无时无刻不在发挥自己的口才,但似乎并不见成交多少。这是因为他们只顾从自己的角度介绍产品、发挥自己的口才,而没有观察客户,说出客户真正想听的话。拿化妆品而言,你的产品即使再好,如果不能解决客户存在的皮肤问题,那么,即使你说得天花乱坠,也不能说服客户购买。

可见,如果一个销售员懂得有的放矢地说话,即使辞藻不多,也能说得客户心服口服。

精于口才者,最擅长察言观色。很会说话的销售员,无论是在自己说话的时候,还是对方在说话的时候,他们的眼睛总是随时地留意着对方的面部表情、眼神、姿态以及身体各部分的细节变化。随时判断谈话的状态、对方的心态、表达的意思等,然后将自己的观点、看法得体地说出来。

2. 别太心急,听完再说

亚飞是一名保险销售员。最近,他通过调查,某大公司董事长张先生在市郊购买了一套别墅,还没有上保险。这天,亚飞来到张先生家推销保险。可是,却遇到了这样的事情:

张先生有个七岁的儿子,很调皮,张先生和太太要出门,让他在家看电视,可是回来的时候,却发现小家伙不见了,这可吓坏了张先生和他太太。于是他们开始分头去寻找,而且他们还报了警。郊区本来就很大,找个小孩很难,但还好,警察和周围的一些邻居也开始帮忙寻找。

亚飞看到这一幕,认为这正是推销人身和财产保险的时候,于是他凑到张先生跟前,开始推销他的保险,当时张先生很生气,没好气地说:"拜托,等我把儿子找到再说好吗?"

谁知,亚飞很不识时务,不但没有帮助张先生找孩子,反倒继续喋喋不休地大谈保险的种种好处。这下可把张先生气坏了,他太太更是生气。张先生最后忍无可忍地对亚飞大吼道:"你如果肯帮忙把我儿子找回来,那么保险业务的事情咱们日后找个时间再谈。但是,我警告你,你现在要是再跟我提什么见鬼的保险业务,就请你先滚出去!"亚飞被客户张先生说得面红耳赤,夹着公文包灰溜溜地走了。

事后找到儿子的张先生越想越生气,甚至开始痛恨这个根本不关心别人安危,只知道推销保险的亚飞。他打听亚飞的底细,由于在商界有一定的名声,他跟很多经理和老板打了招呼，绝不买亚飞推销的保险，这下亚飞的业务就可想而知了。

案例中的保险销售员亚飞在销售行业有如此结果，是因为他太急于求成，即便在错误的时机下，他依然喋喋不休地推销自己的保险产品。如果亚飞能先不着急开口，先帮客户找到儿子，那么，客户一定会心存感激，事后再商量保险的事，说不定结果会大不相同。

事实上，在沟通中，不少做事鲁莽的销售员往往都会这样，当他们发现客户提出问题的时候，就立即接过话题，并极力解释，但很快他们会发现，客户又有新的问题需要解决，你再解释，如此延续……最后客户没问题了，却告诉销售员"我再考虑考虑吧"。因为客户觉得，自己仍然还有许多需要解决的问题，只是他暂时想不起来而已。

所以，我们在与客户沟通的时候，一定要把话语权充分交给客户，让其一次性把想问的问题问完，哪怕他说的是错的，或是对你公司有误解，在这个过程中你可以有较充足的时间考虑回答方式。然后你说："您还有问题吗？""好，您看您比较关心的是……，然后……"如果你是在电话沟通，也要将客户提出的一系列问题逐一记下来。总之，我们要记住：把客户问题打包解决，而不是一条一条，疲于应对。

总之，口才是一种综合能力的体现。一个善于说话的销售员，必须具有敏锐的观察力，能深刻地认识事物。只有这样，说出的话才能一针见血，才会对准客户的胃口。

好口才离不开修辞技巧

语言的力量是巨大的,它可以把两个陌生的人变成知己或亲密的朋友。在销售过程中更是如此,即使没有门路,销售员也能凭借好口才打开销售之门,为自己赢得一个良好的销售局面……但现实销售中,我们却常常听到这样的抱怨:"这年头,客户怎么都这么难搞定啊?"的确,但那些不会说话的销售员,通常在表达的时候,语言干涩无味,让人听之昏昏欲睡,更没有继续交谈的欲望。而如果我们能巧妙运用比喻等修辞手法的话,就能立刻让你的表达绚丽起来。

1. 掌握一些基本修辞手法的运用原理

(1)比喻:找出两个事物之间的相似点,有相似点才能构成比喻,另外比喻就要有本体、喻体和比喻词。比喻可以使被描写的事物形象鲜明生动,加深人们的印象,用它来说明道理时,能使道理通俗易懂,便于人们理解。

(2)排比:把结构相同或相似、意思密切相关、语气一致的词语或句子成串排列的一种修辞手法。它能够使句子结构整齐,语调协调,说理周密,表现充沛,论证雄辩,气势磅礴。

(3)夸张:运用丰富的想象,在客观现实的基础上有目的地扩大或缩小事物的形象特征,以增强表达效果的一种修辞手法。

(4)借代:不直说事物的名称,而是用与本事物有密切关系的事物来代替本事物。

(5)双关:在一定的语言环境中,利用语义和语音的条件,有意使语意具有双重意义,言在此而意在彼,这种修辞手法就是双关。

2. 变换我们常用的销售语言，充分发挥我们的想象力

程龙是一名建材销售员，销售能力很强，使得公司的生意红红火火，因此，常有同事开玩笑说："此程龙也不亚于彼成龙啊。"他的业绩与他的说话能力是分不开的。

有一次，他得知某建筑公司要采购一大批建材，程龙想，这可是一大笔生意，一定要把握好。但他同时又得知，这家公司的采购经理是个很严谨的人，无论销售员说什么他都听不进去，每次采购都是自己经过多番调查才下决定。程龙决定会一会这位采购经理。

这天，他来到这家公司，看到这位经理忙得不可开交，就没有说什么，而是静静地等在门外。到了下班时间，他主动走进去，对这位经理说："采购工作好不好做啊？"

"你看我这样子好吗？"这位经理耸了耸肩。

"你今天已经算是幸运的了，可以待在办公室，一般的情况是：出门是兔子，办事是孙子，回来是骆驼。"

这位经理听完后，哈哈大笑，主动邀请程龙坐下。第二天，该经理就把这笔生意交给了程龙。

很明显，我们发现，销售员程龙之所以能获得采购经理的好感，是因为他那句颇有意蕴的比喻句："出门是兔子，办事是孙子，回来是骆驼。""兔子"是指出门为了抢时间赶车赶船跑得快；"孙子"是指为了买到所需货物不惜请客送礼，点头哈腰地向人家求情；"骆驼"是指回来的时候不仅要办好货物托运，还要给老婆孩子买东西，负载很重。他用形象的比喻

说明采购工作是个吃苦受累的活,表达了对客户的理解,客户"哈哈大笑"也就不足为奇。

有时候,我们的销售语言之所以会平淡无奇,是因为我们束缚了自己的思维。而假如我们能在销售语言的训练中转换角度分析,如可以从意义方面入手,也可以从形式方面入手;可以着眼于词语,也可以着眼于句式。这样我们会发现,同样一句话就会出现完全不同的表达效果。例如,销售中,我们原本想赞美客户年轻漂亮,通常我们会说:"您身材真好……"但如果我们转换一种说法:"我听说有'画中仙'之说,原本还以为是夸张呢,今天算是见识到了。"这里运用的就是"引用"的修辞手法,这样表达更显得动听。当然,我们在表达之前最好作一番铺垫,否则会显得唐突。

3. 根据具体的销售环境,灵活运用,随机应变

玛丽女士是一家大型化妆品公司的总裁,虽然这家公司成立的时间不长,但却发展迅速。每每提到自己的成绩,玛丽女士都很感激自己的两个助手:琳达和文森。的确,他们为公司的发展立下了汗马功劳。因此,玛丽女士很信任他们,并把他们当成自己的"左右手"。不过,相比之下,玛丽更器重文森,他比琳达更聪明,思维更活跃。只是年轻好胜的他很爱闯祸,然而却从来没有出现过麻烦缠身影响工作的情况。

文森有个好朋友霍华德。霍华德是当地著名的律师,他在法律界可谓战无不胜,而且办事效率很高,所以文森称他为"快枪霍华德"。虽然霍华德有着超乎常人的才能,却没有与之相匹配的相貌,他是个长相丑陋的人。

> 销售的语言

一次，玛丽女士举办了一个大型宴会。宴会前，他告诉文森可以带上自己的好朋友们。文森当即就想到了自己的铁哥们"快枪霍华德"。

宴会上，霍华德问文森哪个是玛丽女士，于是文森指给了霍华德。不一会儿，霍华德手里拿着酒杯走到了玛丽对面，对她问好："亲爱的玛丽女士，您好。"玛丽看见来者先是一怔，她身旁的朋友也意识到了来者的相貌很影响气氛，玛丽随即问了一句："你是谁？"这句话使这种紧张的氛围加重了。

正在人们犹豫的时候，霍华德说道："您好，我是您左手握着的那把快枪。"玛丽恍然大悟，连忙微笑着与霍华德握手，周围的人也都笑了起来，同时对这位素未谋面的著名律师赞许有加。

在特定的环境下引用别人的话语、格言，可以达到幽默的效果。这里，霍华德使用的便是"引用"这一修辞。

可见，采用修辞能将抽象难懂的问题具体化，能使深奥的语言变得浅显易懂，同时还能给枯燥干瘪的语言润色，变得更加丰满，另外还能产生让人们联想的"弦外之音、言外之意"。销售中，我们在表达的时候，若能正确运用比喻和比拟的修辞手法，干涩的语言就会顿时形象、生动起来！

说话声情并茂，让客户更加信赖

一般来说，人们的情绪，包括喜、怒、哀、乐，往往会直接表现在脸上。因此，生活中，我们可以通过观察人的面部表情，得到许多关于此人的信息。作为销售员，我们在与客户打交道的过程中，不但要察言观色，以揣测对方想法，更要注意自己的语言、语气以及神态与表情，神态语气配合得好，才显得更真实。

1. 语言生动、语气亲切

生活中，有些人的防范和自卫意识比较强，当销售员上门推销的时候，他们会紧张不安甚至害怕，更是本能地拒绝。其实，每个人都有对陌生人的防御心理，只不过轻重不同罢了。面对抵制心理严重的客户，销售员要特别注意自己的态度和用词，使用舒缓、友好的语气与客户交流，营造出轻松、活跃的销售氛围，让客户体会到亲切感，并以实证来赢得客户的信任。信任感与安全感在客户心理渐渐增加，其防范心理也就慢慢消失了。

2. 态度诚恳

玩具公司的销售员周康第二次来拜访一位客户，在第一次登门拜访时，周康已经获得了客户的肯定，这次，他带着公司的玩具样品，准备与客户进行下一步洽谈。但在客户看过周康带来的样品之后，却提出了一些反对意见。

客户："不得不说，你们公司的产品在细节上做得不是很完善啊，这与你们的宣传有出入。"

周康："我想您在玩具制作方面应该可以称为专家了。一个玩具公司能够拥有好的口碑，仅仅靠公司的宣传是很难达到的，好的质量和工艺才是关键。像您所说的，我们公司能够拥有较大的影响力正是由于产品质量优良、工艺精湛啊。对于产品的细节问题，您尽管提出来，我们公司一定会为您提供满意的解决方案的。"

客户:"细节问题很多了。就像这款样品,上面还有一些针脚问题,虽然问题不大,但是对于玩具来讲,这就是个大问题。二手货和折价产品也不过如此了。"

周康:"原来您是在说这个问题啊。不过您可能误会了,我给您拿来的只是一个样品。我们在与客户谈判时,样品难免会被反复挪动和试用,所以就会造成一些划痕。但是对于您订的货,您完全可以放心。如果产品有问题我们将承担全部责任。"

客户:"哦,是这样。那么,产品的色差又怎么解释呢?"

周康:"您真是个细心的人,其实像这种布娃娃的颜色与其所在的环境有很大关系。如果光线较暗,环境亮度较低,那么拍摄的效果图中颜色就会暗些。所以,很多厂家在给玩具做宣传画册的时候,一般都会特意设计一些灯,都是为了突出效果考虑的。"

客户:"哦。但是你们的产品还是有一些问题……"

周康:"其实非常感谢您,为我们的产品提出这样宝贵的意见,这对我们有效改进工作都有很大的帮助。您看这样好不好,我把您提出的问题都写在订单上,然后让生产部门按照您的要求进行处理。保证在交货期之前让您看到完全满意的商品,您看怎么样?"

经过周康妥善的处理,客户已经决定订购该玩具公司的产品了。

案例中的销售员周康能认真倾听客户的意见,在产品有些小毛病的情况下,仍然说服了客户购买,主要是与其态度有很大关系,他谦虚、诚恳的态度打动了客户。的确,无论在什么时候,保持良好的服务态度,都是销售员取得销售成功的一个重要原因。

3. 要配合适当的表情和动作

陈进是一名刚踏入销售行业的导购员,一切还在学习阶段,因此平时工作很努力,从不敢怠慢客户。

有一天,他和女朋友吵架了。那天,他本想请假的,可是公司临时派他和一位同事去拜访一位客户,他无法推脱,就硬着头皮去了。由于天气炎热,再加上他心情不好,他一路抱怨道:"这活儿可真不是人干的,挣不了多少钱,还得这么受累。"

见到客户后,陈进努力克制自己的情绪,和客户商量合作事宜。由于对陈进所在公司销售的产品比较信任,也合作过多次,对方并没有刁难他们,很快便答应购买,只差签约手续,陈进终于松了一口气,最后他说:"王总,您看,我们什么时候签约?"在说这句话的时候,陈进的表情痛苦极了,不幸的是,他的表情被客户捕捉到了。

"再说吧……"

听到这些,陈进觉得有些莫名其妙。但最终,这位客户并没有购买产品。

这则销售案例中,客户之所以最终放弃购买,就在于销售员陈进最后那个痛苦的表情,这让客户心中产生不悦,不免产生了对与自己合作的销售员的种种猜疑。

因此,作为销售员,与客户交谈,一定要配合以自然的动作、亲切的表情,要精神饱满,精力充沛,面带微笑,要开朗、大方，不要羞涩、扭捏，也不要轻浮、泼辣，这样才能使客户心情愉悦。

在销售中学会沉默，以静制动

《道德经》中有这句话："虚而不屈，动而愈出。"这句话告诫人们要学会"抱朴守静"，以观其动，只有把激烈的情绪平息下去，以一种平静的心态，敏锐地观测事物的运动变化，才能抓住突破口，迅速攻击，克敌制胜。这句话同样适用于销售。而事实上，很多销售新手最大的弱点就是不能耐心地听对方发言，他们认为自己的任务就是谈自己的情况，说自己想说的话和反驳对方的反对意见。因此，在谈判中，他们总在心里想下面该说的话，不注意听对方发言，许多宝贵信息就这样失去了。

可见，在具体销售中，说得多不一定与销售成果成正比，甚至可以说是"多说无益"。而实际上，如果我们懂得适时沉默，可能会有不同的成效。这也就是人们常说的"留白"。

1. 意志坚定，坚持自己的立场

销售中，我们经常会遇到这样一类难以搞定的客户，他们对我们的产品显示出一副可买可不买的态度，而对我们报出的价格也是不置可否，甚至表明自己和目前的供应商合作愉快，不需要更换合作方。面对这种情况，一些销售经验尚浅的销售员就会站不住立场，做出了让步；也有一些销售员，则轻信了他们的话，失掉了这笔生意。

事实上，客户这么说，只不过是想退一步，进而了解你的底线，所以无论出现何种情况，你都应该再坚持一下，这对你不会造成什么损失。就在你放弃的前一秒钟，通常他们会问："你的最低价格是多少？"这才是他们的本质意图，在这之前复杂的铺垫就是为了这句话。

美国大发明家爱迪生曾经也做过一笔生意：

当时，爱迪生已经是一位小有名气的发明家了。当他发明了自动发报机之后，为了能获得一笔建造新的实验室的经费，他准备卖掉这项发明以及技术。但一个把大部分时间花在实验上的发明家哪里知道当时的市场行情，他根本不知道这项发明能卖到多少钱。于是，他叫来自己的妻子米娜，准备与其商量下。而米娜也不知道这项技术究竟能值多少钱，她一咬牙说："要2万美元吧，你想想看，一个实验室建造下来，至少要2万美元。"

爱迪生笑着说："2万美元，太多了吧？"

米娜见爱迪生一副犹豫不决的样子，说："我看能行，要不然，你卖时先探探商人的口风，让他先开价，然后你再说价。"

后来，纽约有一位商人，一听说爱迪生要卖自己的这项发明，很高兴，很快便与爱迪生联系。谈判后，这位商人很快进入主题，问及发明的价钱。因为爱迪生一直认为2万美元太高了，不好意思开口，于是只好沉默不语。

接下来，商人几次追问，爱迪生始终不好意思说出口，正好他的爱人米娜上班没有回来，爱迪生甚至想等到米娜回来以后再说价钱。

最后商人按捺不住了，说："那我先开个价吧，10万美元，怎么样？"

爱迪生一听很震惊，甚至大喜过望，不假思索地当场就和商人拍板成交。后来，爱迪生和他的妻子米娜开玩笑说："没想到晚说了一会儿就多赚了8万美元。"

案例中，爱迪生之所以能得到比预期多出的8万美元，就是因为他保持了沉默，起到了以静制动的效果。俗话说，沉默是金。销售员在与客户交谈有时也需要沉默，因为当你沉默时，客户会觉得你实在为难，无法答应他的要求，这样，制动，你会取得较多的利益。要知道，口若悬河并不是真正的口才。

2. 要沉默有度，不能失掉生意

一个在销售中一语不发的人怎么可能达成交易？和客户比耐心固然没错，但一旦客户做出一些合理的让步，如对方说："好吧，我再让步5%，这是最后的让步，如果你不同意，那么现在就终止谈判。"我们就要识时务，做出回应。如果你继续沉默，那么，很可能会让客户认为你已经无意于这笔交易。

一位姓张的老板办了一家大型的工厂，因为经营不善，不到一年的时间，生意就很冷清。很快，老板的工厂办不下去了，员工的工资也发不下来了。于是，老板想改行做其他生意，那首先就必须卖出以前工厂的器材。其实，张老板还是想卖个好价钱的，毕竟器材都还很新，但是想到还要继续给员工发工资，就说："能卖多少算多少吧，这钱要尽快到手，能卖到4万元最好了，如果别人压价压得狠，3万元我也咬牙卖了。"

终于来了一位买主，但是这位买主想尽量压低价格，于是，他在看完机器后，挑三拣四地说了一大通，几乎没有停过。张老板知道这是压价的前奏，于是耐着性子听完对方滔滔不绝的埋怨。

买主终于转入正题："说实在话，我不想买，但要是你的价格合理，我可以考虑一下，你说个最低价吧。"

张老板静静地思考着："忍痛卖还是不卖呢？"就在他沉默的那几秒钟时，他听到了一句话："不管你想着怎么提价，首先要说明的是，我最多给你 6 万元，这是我出的最高价。"

结果，因为这几秒钟的沉默，张老板就多赚了 3 万元。

并不是什么时候，巧舌如簧都能收到最佳效果。销售打的本身就是一场心理战，在你没弄清对方的真实意图前不要轻易地表态。沉默不仅能够迫使对方让步，还能最大限度掩饰自己的底牌。一般来说，买卖双方在内心都有自己理想的成交方式，即使对于同一个问题，一般也总会有两种解决方案，即你的方案和对方的方案，你的方案是已知的，如果你不清楚对方的方案，则务必要设法了解对方的方案，再做出进一步的行动。

总之，我们在销售中，不要误以为滔滔不绝才能显示我们的语言水平。适时地沉默，以一种特殊的心理状态，攻破对手的心理防线，故而成功地达到销售目的。

第 11 章

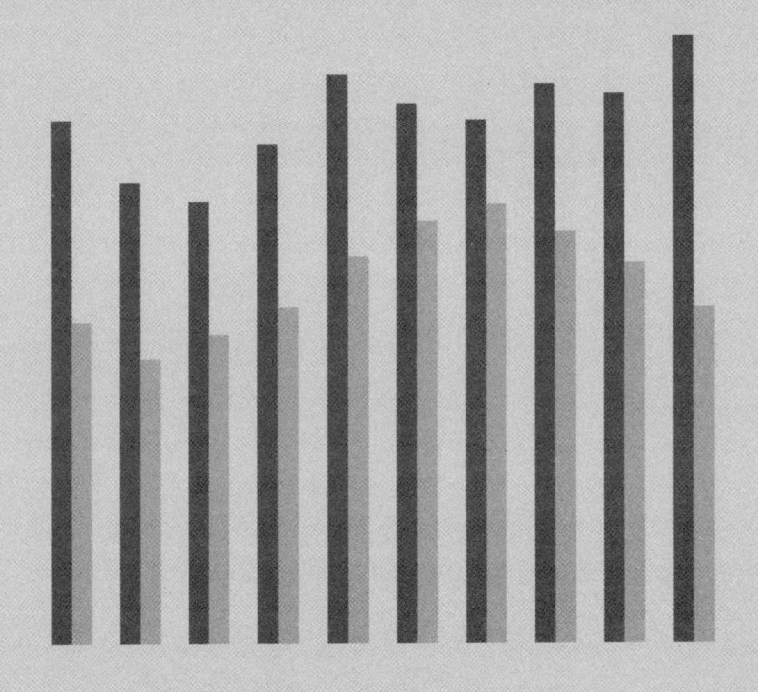

化解拒绝,引导客户顺利成交

巧妙更正客户"便宜没好货"的误解

现代社会,竞争日益激烈,但很多商家总是能找出促进产品销量的方法,其中最为常见的一种手段就是促销。在一些卖场和门店中,促销活动天天都在进行。面对这些促销产品,很多客户就会怀疑其质量,他们认为"便宜没好货",然后以"这个是处理的啊,肯定质量不好,我不要了"为由拒绝购买,任凭销售员怎么解释都不能消除客户的异议,使产品销售无法顺利进行。对此类客户,我们不免会泄气。但实际上,只要我们能掌握一定的劝服技巧,让客户认识到眼前促销产品的价值所在,就能打开销售局面,令其最终决定购买。

某超市厨具专柜在做促销,一位提着菜篮子的老太太在一款菜刀面前看了半天,促销员赶紧迎上去。

促销员:"阿姨,这把菜刀原价要599元呢,现在只要299元,现在买很划算的,请问您还有什么担心的呢?"

老太太:"我觉得,打折的东西肯定是存在一定的问题的,会不会回去用了就生锈了或者钝了呢?平时我在超市看见一些促销食品,但回去打开后也不是很新鲜了……"

促销员:"原来您是担心这个呀,这个请您放心,相信您以前也听过这个品牌的炊具,质量是绝对过硬,我们之所以会打折,是因为厂家每年会在产品的外形上做出一些新的设计,那么,头一年的款式就必须打折了,不然新的哪卖得出去呀?您说对吧?"

老太太:"原来是这样啊。"

促销员:"是的,这种厨具和食品不同的,我们会担心食品过期而不敢买促销的,毕竟吃进肚子里的东西,还是安全第一。但像这样的菜刀就不一样了,它的卖点在产品功效,不是看它新不新鲜。"

老太太:"那好吧,我就买一套。"

在客户选购产品时,销售员一定要细心观察,如果客户表现出不信任的态度和神情,销售员应该主动向客户询问,弄清楚他们担心的问题,并给予详细解答,消除他们的担心。

面对促销产品,人们难免担心产品质量有问题,面对客户的疑虑,如果销售员以"您放心,质量肯定没问题""都是同一批货,不会有问题""先生您多想了,就是节日期间优惠"这类话应对,势必会显得空洞无力,没有任何说服力。

那么,具体来说,我们遇到这种情况,有哪些应对策略呢?

1. 认同客户的顾虑

我们要学会认同客户的顾虑,认同是个好技巧,遇到不好处理的问题,在解释前使用认同技巧往往会使销售的说服力大增,再针对顾虑以真诚负责任的口吻告诉客户事实,并且强调现在购买的好处,可以推动客户立即做出决定。

例如,销售员可以告诉客户:"您有这种想法可以理解,毕竟您说的这种情况在我们行业确实存在。不过我可以负责地告诉您,虽然我们这款产品是特价,但它们都是同一品牌,其实质量完全一样,并且现在价格上比以前还要优惠得多,所以现在买真的非常划算!"

2. 对客户说出低价促销或处理的原因

对于产品的大幅降价，一些客户总是报以怀疑态度。此时，产品降价的原因就成了他们最关心的问题。如果销售员不能给出他们一个满意中肯的回答，他们是不会购买的。当然，我们都知道，产品降价一般是由于有新产品上市、产品更新换代或者是店庆活动等，但是客户却并不一定清楚，所以销售员要尽快向客户解释清楚产品降价的原因，消除客户内心的疑惑。

3. 事实胜于雄辩，用"硬件"证明产品质量

并不是所有客户都愿意相信销售员的解释，面对此类客户，如果我们已经力不从心，无法通过语言来解决问题，我们不妨转化一种方法，用事实证明，这些证明一般就是产品的合格证书、获奖证书、质量认证、客户反馈意见表等，俗话说，"事实胜于雄辩"，销售员拿出事实证明产品质量的可靠性，比滔滔不绝说上一大段话更有效果。

总之，没有不能引导的客户，只有不会引导的销售员。作为销售员，面对客户对处理、促销产品的疑问，一定要做好解释、引导工作，让客户放心购买。

客户要去别家看看，如何留住客户

俗话说："货比三家不吃亏。"任何一个客户都知道这个道理。因此，他们在挑选产品的时候，总是希望有更多的选择。而正是这一心理的存在，给我们销售员带来很多困扰：无论怎么给客户介绍产品，客户总是一副可买可不买的态度，然后

销售的语言

对销售员说:"我想再去别家看看。"客户之所以会有这样的态度,可能是因为你推荐的产品品种实在无法满足客户的挑选要求,但大多数情况下,则是因为客户这种"货比三家不吃亏"的心理。对此,销售员想要留住客户,就需要掌握一定的沟通方法,以独特的卖点吸引客户。

  白领丽人林小姐这天下班后来到一家鞋店,在店内逛了一圈后,她摇了摇头,说:"哎,我还是去别家看看吧。"

  站在她身旁的销售员立即说:"小姐,您先留步,请问小姐您是不是觉得我们店的鞋子种类太少,你觉得选择的余地不大?"

  林小姐:"是啊,就这几款,顾客怎么选?"

  销售员:"的确,您说得很有道理,开鞋店首先就要吸引客户的眼球,不过我们老板非常喜欢有特色、经典的款式,款式不落伍又不落俗套。"

  林小姐:"你这么一说,我还真发现,你们店的东西不一样。"

  销售员:"是啊,产品贵在精而不在多嘛。我看小姐的服饰,也感受到您是很注重品位的人。鞋子和时装不同,服饰容易过时,但鞋子只要搭配得好,总是能穿出永不过时的感觉。"

  林小姐:"你这看法,我很同意。你看,我脚上这双短靴,别人都以为我是新买的,实际上,两年前我就买了,只是我喜欢以不同的方式搭配,因此,穿出来总是有不一样的感觉。"

  销售员:"是啊,您再注意看一下我们店的鞋子,最大的优点就是容易搭配,而不是追求新奇!"

林小姐:"是的,那你觉得我适合什么样的鞋子呢?"

挑选了一会儿以后,销售员拿起一双低跟系带皮鞋说:"我看这双就不错,小姐身材很高挑,高跟鞋的高度不用太高,而且,这双鞋正是走的复古文艺路线,更能体现出您的文艺美。"

林小姐:"是吗?我相信你的眼光,我去试试看。"

最后,林小姐高兴地买了这双鞋子。

这则销售案例中,在客户称自己要去"别家看看"时,销售员并没有放弃推销,而是主动承认了客户的想法——产品种类太少,接下来,他也并没有以"新货过两天就到了""怎么会,已经卖得差不多了"等借口推脱,而是承认客户的观点,然后向客户表明虽然种类少,但款式经典、有特色等,进而让客户有这样的感叹:"你这么一说,我还真发现,你们店的东西不一样。"接下来,他又对客户的品位进行了一番夸赞,更是让客户对自己产生了信任感,最终促成了购买。

那么,针对这种情况,具体来说,我们该怎么应对呢?

1. 先稳住客户

当客户说:"我想再去别家看看"时,我们就要明白,这只不过是客户的一种托词而已,你不要认为客户还会再回来光顾,因此,你要做的就是先稳住客户,不要让客户流失。

而要想留住客户,就要和案例中的销售员一样,用产品的其他方面的卖点吸引住客户,进而转移话题。例如,你可以告诉客户:"我们店里的产品在进货时都是经过精心挑选的,虽然种类不多,但都是款式经典又畅销的产品。"但是需要注意的是,销售员所说的话一定要与事实相符,如果店里的产品并非如此，销售员却硬是这样说，那么丢掉的可能就不仅是客户，还有店铺的信誉。

2. 服务至上，让客户满意

现代社会，随着竞争的日益激烈，在产品质量与功能大同小异的基础上，人们在购买时也逐步带有了情感因素，更关注的是销售方的服务态度，谁的服务好，客户就购买谁的产品。可见，销售员做好服务也是赢得客户非常关键的一步。如果照顾得不周到，很有可能让客户感到受冷落，从而影响到成交量。

3. 用特色跑赢对手

在追求时尚与个性的今天，人们也越来越注重产品的个性化。我们在购物的时候，也会不经意地发现那些小面积但很有特色的店面。例如，专门经营民族服饰的店铺、专门经营水晶饰品的店铺等，这些店铺虽然看起来不大，却往往内有乾坤。而如果这些店铺的导购不善言辞，客户还是会觉得产品种类不足，故而"去别家看看"。

所以，作为销售员，当客户说"想去别家看看"时，你如果想留住客户，就要让客户感受到你的产品的特别，或者发现某种特殊的含义，让客户改变原有观点，以特色勾起客户的兴趣和购买欲望，实现销售目的。

客户只认牌子不认货怎么办

当今社会，随着人们生活水平的提高和商品选择的多样性，人们的品牌意识越来越强，对品牌的热衷度也越来越高，尤其是年轻的消费群体，更是将品牌定义为时尚和品位的表现。更有甚者非品牌不购买。正因为如此，那些非品牌的商家销售难度无疑就会加大。我们经常会发现，任凭销售员怎么介绍产品的优点，怎么劝客户购买，客户还是会产生疑问："我一向只买品牌产品，这种杂牌的产品没有保障，我可不敢买。"这类客户常使得销售员陷入尴尬。面对客户这种对品牌盲从的心理，有些经验尚浅的销售员会显得局促不安，并认为已经没有回旋的余地，只能放弃销售。而实际上，客户信任品牌，是因为品牌能带给客户一种安全感，所以，如果我们能够运用技巧，消除客户这种疑虑，继而让客户选择购买产品，也并非不可能。

一天，一位先生来到某家居建材商场的灯具店，看样子是要买灯。

销售员："先生，您是想购买灯吗？进来看看，款式多着呢！"

先生："这款挺漂亮的，是什么牌子的？"

销售员："先生真有眼光，这是我们昨天刚进的货，是某某牌的，它采用的是德国进口的工艺，最近我们这款产品卖得很火。"

先生："我没听说过这个牌子。"

销售员："是的，可能您没听过这个牌子，这是因为我们的宣传力度还不够，真谢谢先生您的提醒。实际上，我们这牌子已经上市七八年了。全国的大中城市都有我们的专卖店。不过本市只有我们一家。先生肯定知道某某这个品牌吧，这两年，我们努力的目标就是要成为和某某一样知名的品牌。"

先生:"真是这样吗?"

销售员:"是的,我们品牌的设计理念就是安全、节能而且有品位,毕竟产品功效如何,也直接关乎到我们的销量和信誉,把产品做好是任何一个品牌形成的最根本原因。"

先生:"这话倒不假。"

销售员:"您手上拿的这只是其中一款,您看看这边的款式,这边还有一些设计新颖的款式……"

案例中,我们发现,这位销售员是聪明的,当客户提出"没听说过这个牌子"时,他并没有直接否认客户的观点,诸如这样回答:"怎么会没听说过呢,我们可是全国知名品牌。""这个品牌推出好几年了,在这一行业很出名的。"因为这种解释未免显得空洞无力,毫无说服力。他也没有直接承认客户的观点,说:"我们这牌子现在正在多家媒体上打广告。""不瞒您说我们是个新牌子,刚刚上市。"因为这样回答无疑是验证了客户的顾虑。这里,他先给自己的品牌找了个不被客户知道的理由——"我们的宣传力度还不够",然后他将品牌的目标和发展趋势告知客户,最后,他将产品的主要优势介绍给客户,进行一系列的分析后,客户才打消了对这一陌生品牌的疑虑。

那么,针对客户只认牌子不认产品的这种情况,销售员该说些什么打消客户的这种想法呢?

1. 劝客户试用,让产品效果说话

客户不相信非品牌的产品,是因为他们更相信品牌能带给他们安全感。为此,让客户肯定你的产品,最有力的方法就是让客户亲身体验,当客户接受了这个新产品,让产品效果说话，客户也就会接受这个品牌。

2. 将产品与客户信任的品牌进行对比

我们可以这样向客户提问："那么，您觉得哪个牌子的产品好呢？"当客户回答后，我们首先要认同客户的观点，然后再将自己品牌的产品和名牌产品进行比较。如果二者相同，则强调自己产品的优势；如果产品不一样，则强调产品的特性。

3. 出示关于产品的最有利的证据

有些时候，如果我们的产品无法让客户试用或者为客户演示，我们不妨向客户提供关于公司品牌的一些具有说服力的资料，或是承诺质量保证，或是证明公司优秀的经营管理和较强的进货能力，还可以向其介绍一些品牌的销售状况和品牌的发展前景等。

总之，客户只认品牌不认我们的产品，我们就要从产品质量方面给予客户保证，并强调我们产品的优势不仅在于产品本身，而且在价格方面也会让客户感觉物超所值。同时，可以适时引导客户体验产品，让他体验产品为其带来的好处，使客户自然而然放弃对名牌产品的购买。

当客户说要跟家人商量，用话术搞定他

销售过程中，不少销售员遇到过这样的难题：我们满怀热情地为客户介绍产品，客户对我们的产品也很满意，我们信心满满地以为客户会购买，但到关键时刻，客户却说，"我得回去问问家人，我做不了这个主"。这句话犹如一盆冷水，浇灭了销售员的热情。一些销售员以为客户这样说就等于拒

绝购买，于是，他们放弃销售。而也有一些销售员，太过急功近利，听到客户这样说，为了挽回客户，他们死马当活马医地回应客户："这样的事情还要问家里人啊，自己决定就行了。""不用商量了，这么超值的产品哪里还有啊？"而这两种回应方式，无疑都会赶走客户。

其实，客户称自己要询问家人，一般情况下，有两种可能，第一种可能正如他所说，他需要和家里人商量；第二种可能则是，这只是一个借口，他不好直接拒绝销售员。通常来说，在是否购买上如此犹豫不定的客户，一般性格优柔寡断，没有主见，极易受外界环境的影响。所以，遇到这种客户，销售员一定不要轻易让其走掉，而是要抓住其犹豫不决的性格特点，尽量说服其购买。

一天，某商场男表专柜来了一位女士，她告诉销售员，第二天就是他们夫妇的结婚纪念日了，所以她希望买一款男士机械表作为礼物送给丈夫，在看了几款产品后，她却说："我怕我丈夫不喜欢，我还是回去和他商量一下吧。"

销售员："是的，您有这种想法我可以理解，毕竟一款名表的价格也不是小数目，想与您的丈夫商量一下也是正常的。您知道吗？其实，作为丈夫，如果自己的妻子能记住结婚纪念日，并在当日送给他一个惊喜，那么，他一定更高兴；而如果您与丈夫商量的话，这种神秘感也就消失了。另外，今天刚好是我们十周年店庆，会有返利活动，满一千就直降一百。这个活动仅限今天一天。而且，您也看到了，我们这里的表都只有一款，我们店的销量很好。这样好吗，我现在暂时给您保留起来，不过我不敢保证下午之前这款表……所以，我真的希望您不要错过……"

女士:"我看我还是先买了吧,万一下午过来的时候,其他客户已经买走了,那不就可惜了……"

案例中,这名销售员之所以能最终说服客户购买,是因为他既保持了良好的态度,又对客户适当施压:如果客户现在不购买,执意要回去与丈夫商量的话,不仅会失去给丈夫惊喜的机会,还可能会导致她中意的手表被其他客户买走,同时,她也会错过店庆返利的优惠。综合考虑之下,客户自然会暂时放下与丈夫商量的想法,从而选择购买。

那么,面对这种情况,具体来说,销售员该如何处理呢?

1. 认同客户顾虑的合理性

和案例中销售员一样,如果我们能认同客户的顾虑,表达同理心,会让客户觉得你是在为他考虑,就能争取到客户的心理支持,继而会拉近和客户之间的距离。这样,即使客户认为需要和家人商量,你也可以暂时把客户稳住,从而为我们接下来的说服工作奠定基础。

2. 帮客户认识到不与家人商量的好处

案例中的销售员就是聪明的,当客户认为需要和丈夫商量时,销售员却从"惊喜"这个角度,让客户认识到与其与丈夫商量,还不如给丈夫一个惊喜。

让客户认识到不与家人商量的好处,我们可以挖掘产品背后的意义,你可以恭维一下客户。例如,你可以说:"其实,这不仅是一件产品,而是一种心意,是一种爱,不管它怎样,只要是你买的,你老公都会喜欢的。再说啦,如果他真有什么不满的地方,只要不影响再次销售,我们特别允许您在三天内都可以拿回来调换，您看这样成吗？"

3.对客户施以适当的压力，帮客户做决定

客户迟迟无法下定决心购买，销售员千万不要认为等待可以得到结果，因为客户权衡不出答案也许就会放弃购买。所以，很多时候客户下决定都需要销售员的参与，这就需要销售员主动出击，对客户适当施加压力，甚至帮助客户做决定，这一招通常都很奏效。你可以说"我这里的这种产品已经剩下最后一批了，而下次什么时候还能拿到这种货就说不定了"，或者说"这种产品现在特别缺货，我们公司已经不生产了"，等等，如果客户确实满意产品，一般来说，他们会立即做出购买决定。

另外，我们还可以掌握一些快速成交的方法。

（1）适当赞美客户，鼓励客户尽快成交。如，"您的眼光真好，您老公一定会喜欢的"。

（2）从众成交法，用人们的从众心理来刺激客户购买。如，"现在的小女孩都喜欢这样的款式，我相信您的女儿一定会喜欢的"。

当然，运用这一方法，我们不可急功近利，要给客户考虑的空间，适当的时候，也要后退一步，否则很容易令客户反感。

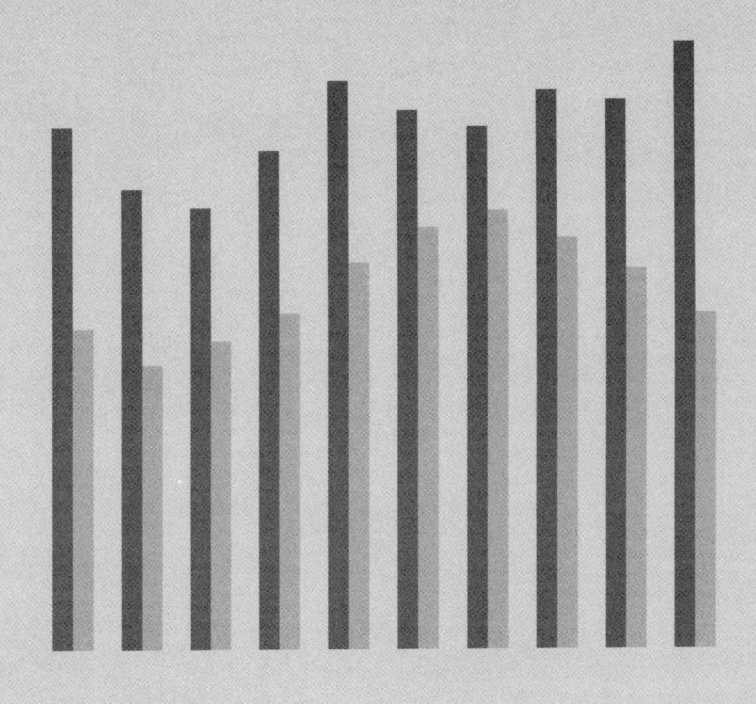

第 12 章

攻克壁垒，成交必须突破重重阻碍

读懂客户心理，成交更容易

作为销售员，我们都必须承认一点，在销售中，只要尚未签单，就还存在着很多不确定的因素。客户往往考虑到其他很多原因，而迟迟不肯签单，这直接影响到了交易的顺利进行。而此时，很多销售员就手忙脚乱，不知如何是好。其实，在此之前，销售员只要提前了解客户拒绝成交的心理因素，就能保证不在销售中自乱阵脚。

青青是上海某房产中介的业务员，因为她聪明伶俐，沟通能力强，业绩一直很好。但是最近，她遇到了一位客户，对楼盘比较满意，但是客户迟迟没有决定购买。一个月后，青青再次邀约这位客户。

青青："张先生，我看您对那套三居室挺满意的，不知道，您今天能和我们签约吗？"

客户："是挺好的，但是两个卫生间并不是都可以洗澡，这和我想象的不一样。"

青青："真是对不起，可能是我们在介绍的时候让你产生误会了。其实，小的那个卫生间也能洗澡，只要再安装一个淋浴头或是澡盆就行了。开发商想让客户自主决定，所以并没有安装。"

客户："我想再考虑考虑，城北那边有几个楼盘也很好。"

青青："好的楼盘很多，但是像我们公司这样的楼盘并不多，您也是知道的，我们公司一向以诚信为主，给客户承诺的绿地面积和中心花园，绝对不会被占用。对此，恐怕没有哪家房地产公司有我们这么诚信，您说呢？"

客户："对，但是，现在楼市低迷，行业不景气啊！等过一阵子好一点再买。"

青青："过一阵子行业景气了，价格就没这么便宜了。再说，投资领域里有一条投资原则，'当别人卖出时买进，当别人买进时卖出'，如今大部分有钱人都是在不景气的时代奠定了成功的基石，对于他们来说，长期的利益远胜于短期的挑战，所以他们愿意做出决定。相信张先生您也会做出决定，对吧？"

我们不难看出，青青的客户张先生迟迟不肯签约的原因是，他还在观望，希望可以买到更好的房子，而聪明的青青就看出来了。排除了客户的这些想法，很明显，客户已经被她说服了。

那么，影响客户成交的心理因素都有哪些呢？销售员又该如何应对和预防呢？

1. 客户希望购买到完美无瑕的产品

每个人在购买产品的时候，都希望能买到称心如意的产品，但是，这种期望往往是不切实际的。因为，本身就不存在完美无缺的产品。而且，一分价钱一分货，一定的价钱只能购买到相应的产品。例如，人们买手机时，都希望所选购的手机能具备市场上所有手机的优势，关注拍照、音乐、导航等各个方面。但是，即使功能再多，也难以完全符合心意。所以这种期望和产品本身之间是很矛盾的。

在谈判中，如果客户较高的期望不能被满足，就会感到很失望，认为自己没有得到应得的利益，从而开始重新考虑是否购买。

要避免这种情况发生，销售员在介绍产品时就要秉持实事求是的态度，保证让客户对产品本身有一个清晰、正确的认识，打消客户过高的期望，如可以让客户亲自试用产品等。

2. 客户认为其他家的更好

在销售过程中出现"撬单"的事情也很常见。即使销售员已经和客户洽谈到签约的事宜，一旦出现有威胁的竞争对手，这笔生意也很有可能告吹。

针对这一点，销售员需要时刻注意竞争对手的情况，包括他们同合作客户之间的往来动向、进展程度等。这样才能预防被撬单的情况发生，从而保证销售工作顺利进行。

3. 客户有观望心理

案例中的客户就是这样的心态，总认为还有更好的产品，更优惠的价格。客户存在观望心理，原因也有很多，如他们在等价格下跌，迫使销售员做出让步，或是等待竞争对手送来更优惠的价目表。无论什么情况，对销售员来说，都是十分不利的，此时销售员要主动出击，因为很多时候，观望中的客户已经掌握了该产品的行业价格情况，在与其他销售公司交涉的时候，他们就拥有了更大的主动权。如果销售员坐以待毙，被动接受客户的拖延策略，那么就很可能失败。销售员可以在准许的范围内尽可能地满足客户，先得到客户的信任，留住客户的心，一步步地挡住客户观望的视线，如告诉客户价格优惠将要结束，向客户出示产品的质量认证和权威认证等，坚定客户的成交决心。

当然，影响客户成交的心理因素还有许多，但无论是什么因素，只要我们按照这三个大方面进行应对，那么当阻碍产生的时候，我们就能在第一时间解决它，从而保证交易的顺利进行。

看懂成交信号，找准时机迅速出击

生活中，每个人的性格不一，对于是否购买的问题，也并不是所有人都用语言来表达。此时，作为销售员就应该具备敏锐的观察力，从客户的表情中识别客户的真实想法。然而，很多经验不足的销售新人，当客户已经发出成交信号后，他仍然不明就里，甚至会错意，导致销售的失败。可见，对销售员而言，如何第一时间识别客户发出的成交信号，并在此类信号的基础上做出具体的引导策略，然后继续努力，把销售进程向成交的方向引导，是需要一定的技巧的。

一次，某知名网站的负责人接待了客户代表，他们在接待室谈了两三个小时，在确定关键词价格的时候，客户代表发现一个词被点击一次最高要19元多，客户代表就问："你们网站点击一次怎么这么贵，要19元？"

一般这种关键词点击一次四五元就很高了，19元确实很高，一般的销售员可能都不知所措了。但这名网站负责人说："恭喜您呀，魏总。价格贵说明效果特别好啊。"然后他笑着问："魏总，你们这个行业是不是做一笔单子利润挺高的啊。"

第12章 攻克壁垒，成交必须突破重重阻碍

当时该客户也笑了。他们做一笔生意几万元到几十万元不等，毛利润不会低于三万元。

的确，当销售员说到这里的时候，价格就不是问题了，而刚开始的反对也就是一种成交信号，而这种成交信号需要销售员懂得去识别，一般的销售员在听到客户说价格高，可能就退缩了，其实只要我们善于化解这种成交中的小插曲，是完全可以达成交易的。

对销售员而言，第一时间识别出客户发出的成交信号，在客户发出此类信号时能往成交的方向引导，并最终促成成交，是销售中的一项"必杀技"。那么，如何成功识别客户的"秋波"呢？

1. 成交的语言信号

（1）对产品挑三拣四，总是认为产品有不如意的地方，事实上，这类客户并不是真的认为产品不好，而是希望可以通过提出意见来尽量为自己争取最大的利益，也就是人们常说的"挑剔是买家"。如果客户对你的产品丝毫没有意见，那么，说明他们对产品根本就没兴趣。

（2）称赞其他售货方的产品。作为销售员，你要明白，客户并不是真正欣赏别人的产品，因为果真如此的话，销售员就没必要与你费口舌，而是去直接购买其他销售员的产品。客户"违心"地称赞其他售货方的产品，也是为了能在购买中得到更多的"优惠"。

（3）询问价格上的优惠，例如，产品有没有促销或者打折活动。因为人们总是希望能购买到物美价廉的产品。另外，还有些客户，希望通过加大订货量或者是团购的方式来获得价

格上的优惠。所以,当客户询问这一点时,一般情况下,客户都已经决定购买了。

(4)询问产品的售后、保养、维修、送货时间等问题。客户在询问这类问题前,其实已经决定购买,只有问清楚这些才会有安全感。

(5)问付款方式。如定金还是全款,分期还是全额等。

(6)客户直接向销售员表达自己对产品的满意。

2.成交的动作信号

(1)由静变动。如果客户由刚开始的面无表情或者是抱胸等动作,逐渐转变为向四处看看,或者开始打量产品的质量等,这说明,客户已经开始对产品产生了购买意向。

(2)客户的心情逐渐放松。一般在决定购买前,客户会在买与不买这一抉择上产生一种纠结的情绪,情绪紧张,而一旦客户确定下来,心情一般就如释重负,自然在行为动作上会表现出放松的状态。

(3)看客户的双脚。很多时候,人们在撒谎的时候,其身体的某个部分会出卖他们,如双脚,客户如果拿"离开"作为威胁条件使得销售员降价,但实际上,他的双脚根本没有一点离开的举动,那么,客户很明显是在撒谎,说明客户还是在试探商家的价格底线,这时候,谁能坚持到最后,谁就是赢家。

3.成交的表情信号

(1)客户盯住产品,不肯把视线从产品上移走。

(2)客户由紧闭嘴唇到面部表情开始放松。

(3)表情由冷漠、怀疑、拒绝,变为热情、亲切、轻松、自然。

4. 成交的进程信号

（1）转至更为严肃的交谈场所。这样做，体现了客户对你们交谈内容的重视。例如，客户邀请原本在公共区域的你到会议室，这就表明开始有购买意向了。

（2）销售员在订单上书写内容做成交付款动作时，客户没有明显的拒绝和异议。

（3）向销售员介绍真正的决策人，如主动向销售员介绍"这是我们主管""我们家的所有购买行为都是我太太做主"等。

当然，依据不同的客户、销售员的推销能力、销售阶段，客户所发出的成交信息也是不同的，但聪明的销售员会根据具体情况仔细观察，不断揣摩与分析，从而成功地识别出客户的成交信号，然后拿下订单。

销售员在识别了客户的成交信号后，一定还要注意以下几点。

（1）不要过于木讷，以至于客户对你发出了成交信号后，你仍然浑然不觉，导致了客户的流失。

（2）准确地识别客户的成交信号，要知道，错误地识别客户的信号，和没有识别出是同样的效果，并且，这完全是在浪费客户和你自己的时间和精力。

（3）要善于观察和分析，谁想购买产品，都不会直接说出来。

销售的语言

打动客户最好的方式是诚意和态度

相信我们每个人都承认一点，人与人之间的交往、沟通，无论出于什么目的，要想达成所愿，都必须建立在彼此信任的基础上。我们在说服他人时也是如此，如果对方不信任我们，即便我们口若悬河，滔滔不绝，也无济于事。当然，信任感的获得有很多方法，其中我们就要懂得适时展现诚意，这样能增加对方内心的安全感，最终愿意接纳我们。

萧何设计杀了韩信后，消息传到了刘邦的耳朵里，刘邦立即下诏封萧何五千户食邑，并派一个五百人的都尉组，给他当护卫队。朝中大臣纷纷向萧何表示祝贺，只有召平表示非常担忧。萧何对召平的反应感到非常奇怪，便问他为什么会担忧呢。

召平忧心忡忡地说："这些奖赏并不是皇上对你的欣赏，相反，这表明皇上对你已有疑心了！"萧何大吃一惊，忙问召平其中的微妙之处。召平说"如今您留守京城，难道真的有危险吗？他派人来不是保护你，而是监视你的。"

萧何立即醒悟。召平接着说："我觉得你要立即向皇上表明，目前国家正在备战，急需要财源，你不但要捐出加封给你的五千户食邑，还要变卖田产，用作战争的粮饷，祝愿皇上早日凯旋。"萧何赶紧按照召平的方法做了，刘邦知道萧何的所作所为后非常高兴，对萧何放下了戒心，不但收回了五千户食邑，也撤除了相国的卫队。

萧何感觉到皇帝的不信任之后，急忙给刘邦回信，来向他表忠心，最终重新获得了刘邦的信任。心理学家表示：人有"多疑"的心理，当感觉不到别人的忠诚后，心里会感觉到极度的不安、猜忌和防范，以避免你的背叛会给他带来伤害。

在这种情况下，我们要及时展现自己的诚意，以换取对方的信任。我们说服他人时，当发现对方心存疑虑时，就要适时展现诚意，增加对方内心的安全感很有必要。具体来说，我们需要做到以下几点。

1. 始终真诚表达

诚心是一种真心待人、忠于人、勤于事的美好情操。它是出自内心，而不是虚伪装出来的。与客户说话，同样应该"诚"字当前，做到不虚伪、不做作、诚恳、自然。

2. 多说事实

你若让你的话听起来更可信，就要学会站在事实的角度说话，事实胜于雄辩，客观事实总是能让人信服的，而假若你说的是谎言，那么，你的话就是经不住推敲的。因为从心理学的角度来分析，人们都有同样的心理趋向，那就是求真、求实。只有真实的东西，才是人们最可信的。

3. 寻找合适的时机表示出自己的诚意

在说服过程中，如果对方在一开始就顾虑重重，那么，你最好在正式交谈之前先不要提及我们的说服目的，而只与其沟通感情。如果对方对我们的不信任已经根深蒂固，我们最好让对方先冷静一段时间再与之接触；而如果对方对我们的不信任已经发展到十分强烈时，我们应停止说服，以谦逊恭敬的态度与之交谈。

4. 先从一个对方无法拒绝的要求开始

我们都知道，我们一定要尊重对方的情感需要。对方内心的误解和抵触不化解，他们是绝对不会委曲求全地认可和合作的。如果你能耐心一点，先提出一个对方无法拒绝的要求，再让对方逐步相信和接受我们，就有可能逐步达到我们的说服目的。

5. 善借第三者为我们说好话

营销中有个观点，那就是首先要"营销自己"，其实，我们也要学会"营销自己"。然而，会营销的人往往不会自吹自擂，而是善于借用他人之口，因为人们都有一个心理，认为第三者的评价比当事人的言语更中肯、更客观。这一点已经被很多销售员运用到说服工作中。

这也就是人们说的借助他人之口来为自己说好话。如果你无法让对方信任你，那么，你还可以尝试这样一招：找一个信任你的人做个人形象代言。借他之口，来为你间接公关。例如，在销售中，无论是否最终购买，客户似乎总是有这样那样的异议，甚至有时候，洽谈伊始，销售员就要遭受一盆冷水。其实，这是因为客户对我们心存戒心，对我们不信任，认为销售员是为销售而销售。此时，如果有第三者出现，并支持我们的产品，为我们说话，那么，我们给客户的信任度也就大大提高。所以，很多聪明的销售员善于利用"第三者干预"的方法来扭转客户拒绝的局面。

当然，让第三者为我们说好话以博得对方信任的前提是，我们要与对方搞好关系，与其做朋友。

第12章 攻克壁垒，成交必须突破重重阻碍

在客户面前，巧妙呈现实力

每一个客户都有一种心理，希望可以和实力雄厚的厂家或者销售员合作，仿佛这样产品的质量就有了保证，而现实一点来说，人都是势利的，都喜欢与实力雄厚的人联系，可能也并非想从中得到任何好处，但是总觉得认识了这么个有实力的人面子上很好看。谈判也是一样，如果你是很有实力的一方，对方就愿意与你沟通合作。

谈判很多时候也是实力的较量，实力是谈判背景的重要组成部分。谈判往往就是双方实力的一种较量，不言自明，实力强的一方在谈判桌上就会处于优势地位，对方也乐意与实力雄厚的对手合作。

杰克是一名去污剂销售员。

一天，他来到一家饭店推销产品。当他推门进去的时候，经理办公室已经有人在面谈了。杰克见此情景，对经理说自己也是去污剂销售员，他的产品也非常好。

接下来，杰克拿出一瓶油，倒了一点在地上，然后拿出他们的产品，用抹布蘸了点，然后轻轻一擦，油渍马上就不见了。经理与刚开始进去的这位销售员都感到十分惊奇，先到的销售员更是手足无措，不知如何是好。接下来，这位经理询问了杰克关于产品的一些事，当即决定购买杰克的产品，并且，从此一直用杰克推销的这款去污剂。

这里，去污剂销售员杰克并没有用多么精彩的言辞去说服对方，而是就地展示自己的产品质量，很快说服了饭店经理改变初衷，转而订购他的产品。

谈判是一种实力的较量,这种实力既包括谈判场内的实力,又包括谈判场外的实力,需要场内的与场外的技巧和方法相呼应和补充。这就是为什么在很多的商业谈判中,谈判人员都会采取让对方去自己的公司或是厂房实地考察的原因,一方面是为了表明自己的诚意,另一方面更重要的是为了显示其实力。

在销售中也是这样,从客户心理角度看,与有实力的人合作,更保险、更有保障。掌握客户的这一心理,在谈判桌上,销售员就一定要让客户感受到这种实力。而强大的谈判实力不是天生的,需要付出相应的努力或者代价才能获得,谈判之前的充分准备工作,是在谈判桌上能够体现谈判实力所必不可少的。此外,使用实力对抗法的谈判策略,还需要时刻注意分寸,既要用己方的强大实力与对手对抗,又不能因此而损害谈判各方的人际关系,要以理服人而不是专横霸道,否则实力对抗的谈判策略也会给谈判者带来不良的后果。

那么,在销售谈判中,销售员如何展示自己的实力呢?

1. 要有自信

自信是实力最好的体现。一个相信自己,相信自己产品的人总是神采飞扬、说话掷地有声的,能简洁明快、顺畅自然、不温不火、恰到好处地把自己的观点表达给对方。对方听到这样的话语,往往也会激起兴趣。在谈判中,销售员要记住以下说话的注意事项。

(1)声音响亮、语调自信,这样你就能够感染别人。

(2)吐字清晰、层次分明。只有这样才能让对方知道你想表达的意思,有谁愿意持续听一些听不懂的话呢?

(3)说话的节奏要恰到好处,抑扬顿挫,语速与语调要配合恰当。

(4)声音大小适中。声音太大,容易让人烦躁;声音太小,不仅对方听不见,而且显得自己没有自信,很难引起对方的兴趣。

(5)要注意停顿。一句话不能说得太长,也不能说得太短。适当地停顿,不仅可以调整自己的思维,而且可以引起对方的注意。在停顿的间隙,你可以观察对方的反应。

只要与人打交道,就需要你充满自信地去面对他人,需要你从心理、着装、话语等方面去透露自己的自信。谈判桌上,销售员会遇到形形色色的人,只要你满怀信心去与他们谈判,就会赢得对方的信任与欣赏。要想成功,销售员就要相信自己的实力,相信自己的能力,相信自己能够说服对方,信心百倍地面对客户。

2.用产品质量说话

任何产品,想要在市场上站住脚,质量是硬道理。销售员在成交过程中,要适时地展示产品的质量和功效,有时候比过多的语言更有效果。

如何化解客户成交的障碍

销售过程中,一般在提议成交之后,可能会有客户做出拖延购买的决定,因为很多客户都知道这些技巧。他们常常会说出"我会考虑一下""我们要搁置一下""让我想一想"这类的话语,这就让我们的销售在成交时遇到困难,困难不能顺利解决,则意味着前期的销售工作前功尽弃。其实,客户之所以迟迟不肯成交,总是有一些心理成因的,只要我们运用一些心理技巧,加以观察和理解,找到客户不同的拒绝理由,然后加以引导,就能逐步解决。

下面是一位销售员的一点销售经验:

"我是一位金银首饰店的销售员。一次,我接待了一位客户,她说她要购买耳环,我给她介绍了一款,她倒是十分喜欢,但是她想买又不买,还想再到别处去逛逛,说要考虑一下。此时我店里正好有促销活动,买到一定数额就有精美礼品赠送,于是我就给她介绍,让她先看看我的赠品,果然看了之后,她非常喜欢一款毛衣挂件,但是她还是抑制住了自己的喜悦,说先看看再说。于是我劝她,这是我们店里的一个促销活动,礼品有限,送完为止,如果有喜欢的,最好还是尽快买下来吧,不然过了这个村可就没这个店了。在几分钟的沉寂之后,她还是决定买下来了……"

案例中的这位销售员的引导技巧值得我们学习。的确,这位销售员在成交过程中遇到的问题,可以说,几乎每位销售者都曾遇到过。但无论客户提出什么反对意见,我们都要保持耐心,然后找出客户不肯成交的理由,逐一化解之后,是能劝服客户成功购买的。

克服销售中遇到的困难,需要销售员在即将成交时对症下药进行引导,为此,我们可以从以下几点入手。

1. 客户耐性太好,始终不肯成交

面对这种情况,销售员就更要和客户比耐心,谁能坚持,谁的心理素质好，谁就能取得最后的胜利。销售员要明白的是，没有一个客户能不明情况就购买某件产品，为了保证自己能买到放心的产品，他们一般都会拒绝，然后任由销售员来劝服自己，从而证明产品物有所值。如果客户一拒绝，销售员就撤退，客户对销售员也不会留下什么印象。而在成交的过程中，更要坚持到底，因为成交是决定销售成败的最终标准。

2. 客户对促销产品心存疑虑

很多商家为了吸引客户，会采取促销的方式，这样做不免会引起客户对产品质量的质疑：是不是产品存在问题，所以才降价呢？这种情况下，销售员一定要做好引导和解释工作，让客户知道促销的原因。例如，你可以告诉客户："正是因为质量好，商场盈利大，才降价回馈社会，这也是薄利多销。"于是，在整个"引导"的过程中，一切行动都是你安排的，但客户看来一直到交易成功之后，他们都以为是自己占了便宜。

3. 客户满意产品，却又迟迟不肯成交

有这样一些客户，他们对某件产品很感兴趣，但因为一些其他原因，如暂时不需要或者认为可买可不买，于是，他们采取观望的态度，迟迟不肯成交。对于这种情况，销售员要主动采取措施，如加压。当然，这不是强迫，而是一种心理策略，使客户无形中感到一种压力，让他们主动提出成交决定。

当然，这也不失为一种冒险的措施，因此，销售员一定要做好准备，同时，要有良好的应变能力，否则，很容易弄巧成拙，激怒客户。但销售员还需要注意以下几点。

（1）越是在成交将近时，越是不能心浮气躁，不能急于求成，否则很容易前功尽弃。

（2）如果客户在最后关头仍然刁难你，也要理解，毕竟这是"一场较量"后的最后关头。

（3）将服务进行到底，不要因为客户即将签约购买而放弃或者松懈对客户的服务。

销售行业本来就是靠嘴吃饭的，一个销售员拥有好口才固然重要，但更要善于运用心理技巧，这样无疑是为自己的销售事业添砖加瓦。

强势一点，搞定犹豫不决的客户

在销售过程中的成交阶段，不少销售员发现，我们越是以正面的、积极的方式去劝服一个人接受一件事时，你越是劝服，恐怕越会招致其反感，而如果我们能主动、大胆地为客户做决定，客户反倒会被我们的信心折服，减少不安感，最终爽快签约。因此，我们可以得出启示，在销售过程中，适时帮客户拿主意也是一种极佳的引导策略。

理查德是一个教育书籍销售员，他的销售纪录一直是该行业销售员中的第一，他有自己独特的一套成交秘诀。

当有位女士表示对他的商品没有兴趣后，理查德一言不发地站在原地，一脸不敢置信的表情。接着他说："乔治太太，你的意思是，不帮孩子买这些书籍！你知不知道自己在做些什么？你准备袖手旁观，任由孩子去独自面对未来的竞争！你这样做，等于让孩子丧失竞争的能力。你只不过一天投资几块钱，就可以为孩子提供更好的教育机会，而你竟然不愿意，宁可让他们错失这个机会！"

"我不相信你会这么做，乔治太太。只不过在一个月中，一天只花几块钱，你的孩子就可以大大拓宽知识面。我相信你愿意投资这些钱，让自己的孩子有个好的开始。"

经过他的这种强硬说服，乔治太太最后接受了他的建议。

理查德无疑是在为客户做出了决定，面对犹豫的客户，理查德显然冒了一次险，虽然他的语气比较强硬甚至略微带有责备的意思，但他句句在理，客户绝不会为此而动怒，反而会感激理查德的提醒，最终客户接纳了理查德的引导，最终决定购买。

可见，在销售中，当客户犹疑不决的时候，销售员一定要及时采取措施，甚至不妨冒险一下。

那么，我们该怎样帮助客户做决定呢？

1. 不妨语气强硬些

案例中的理查德运用的就是这一方法。有时对待无限拖延的客户也可以用此招。面对这种状况，我们要学着扑克牌高手说："先生，请摊牌。"

马克也经常采用这种销售技巧。

"碰到棘手的交易，"他说，"业务员必须建立自己的权威，而不是将客户当作权威。"有一次，马克遇到的客户是一家小型的只有5人的公司，正需要会计系统。

马克说："一天，我们将这5个人全请到公司，解释我方提供的解决方案。他们很认真地评估了市面上所有的会计系统。1.5万美元的交易，讨论了好几个小时还是无法定案。最后我将机器关掉,把钥匙放入口袋。我和他们说:'再不定案,请你们都回去。'这5个人突然像被驯服了的小猫!乖乖签下了合约。"

使用此法应谨慎,技巧必须非常娴熟,并且要根据客户的具体个性特征与接受能力,掌握好用词的度,否则只会适得其反。

2. 暗示法

在心理学中,暗示是经常被运用到的一种心理技巧,暗示法,也就是通过暗示别人的看法,来坚定客户自己的判断。同样,销售中,我们也可以通过暗示法来帮客户拿主意。例如,"这套衣服多显档次啊,您送给你的太太,她一定会很高兴的。"

可见,只要善于观察和总结,每个人都能够成为销售精英和高手,所有的营销理论与技巧,无非都是来源于日常生活,同时服务于日常生活。

但使用这些技巧帮助客户作出决定的时候,我们一定还要注意:

(1)与客户交谈的语气一定要把握好度,要技巧娴熟。

(2)有些客户并不喜欢别人给自己做决定,销售员要善于观察,对于这种客户,要循循善诱。

总之,在销售的过程中,作为销售员,有时候不必对客户言听计从,在成交的阶段,当客户迟迟不肯成交时,我们不妨采取一些心理策略,帮助客户迅速做出成交决定,缩短销售时间,同时也能提升销售效率。

如果对方的顾虑还有很多,需要我们采取多种方式说服,具体来说,我们可以这样做。

1. 善于观察对方的一举一动

在面对我们的谈话对象时,我们善于观察对方的一举一动,通过对方举手投足所折射出来的心理活动,我们大致可以猜测出对方的顾虑。

2. 巧妙提问找到对方产生顾虑的原因

一位销售员试图将一台新复印机推荐给客户。客户看起来也很有兴趣,但是他说要考虑一下。

销售员:"好极了!想考虑一下就表示您有兴趣,对不对呢?"

客户:"你说得对,我们确实有兴趣,我们会考虑一下的。"

销售员:"先生,既然您真的有兴趣,那么我可以假设您会很认真地考虑我们的产品,对吗?"

此时销售员还可以尝试着这样继续问下去:"先生,有没有可能会是钱的问题呢?"如果对方确定真的是钱的问题,销售员已经打破了"我会考虑一下"定律。而此时如果销售员能处理得很好,就能顺利把生意做成。

3. 积极发问确定对方的顾虑

在猜测到了对方的疑虑后,我们可以采取发问的方式来对问题进行确定,只有这样,才能抓住时机,步步深入,逐步打消对方的顾虑。

然而,与我们的说服对象的初次沟通的时候,出于防备心理,对方会有意无意隐瞒一些信息,而这些方面都对我们的说服工作起着至关重要的作用。所以,我们在发问时,一定要注意方式,最好以委婉探问的方式,尽量在悄声无息中了解,否则，很容易引起对方的反感，弄巧成拙。

  总之，我们在说服他人前，只要善于观察、巧妙探寻、积极提问，便能了解对方户的某些隐秘信息和顾虑，但我们一定要注意自己的言行，太过直接、明朗会引起对方的负面情绪。

参考文献

[1] 张丽威. 销售语言技巧与服务礼仪 [M].4 版. 北京：中国财政经济出版社，2015.

[2] 文景. 销售就是要会表达 [M]. 北京：民主与建设出版社，2019.

[3] 王小怡，管鹏. 销售就是会玩转情商 [M]. 上海：文汇出版社，2019.